はしがき

　日本の英語には間違いが多すぎます。一流と言われている先生方が書いた本や辞書でさえも数え切れないほど誤りがあります。それは著者たちの研究心のなさと学問に対する横柄さ、そして自分が正しいと思い込んでいる自己愛の強さ、プライドの高さから生じています。こういう誤りはとても罪深いもので、その悪影響は計り知れないものがあります。どれだけの学生がそれらの誤りに気付かずに学び、英語教師となってその誤りを撒き散らしているでしょうか。

　そんな日本の悲しい現状、どうしてそれらの誤りが公然と日本でまかり通っているのか、それは、

① 　英語を日本に導入したとき、英語圏の人たちの発想と感覚が日本人のものとは異なることを誰も知らずに、そのまま形になっている英語を取り入れてしまったため、英文法を教えることを中心とした授業になり、英文を暗記しなければならなくなった。
② 　英語は生きている。英語圏の人たちはそれぞれの発想と感覚において英文を作り会話をしている。そのため、人によって同じことを言うのでもその表現方法（英文）は微妙に異なる。その異なっている英文を文法としてまとめたため、誰かが新しく文章を書いたり、スピーチをしたりすると、その時の英文がまた文法に加わり、研究にいつまでたっても終りが来ない。
③ 　日本で英語を学ぶ場合に英米の雑誌・新聞・有名人のスピーチなどから用例を取り上げ、模範英語として教えているが、状況、環境、目的、感覚、発想、立場、能力などにより、その表現方法は様々である。特に、多くの慣用辞典などは１人の作家の用例をもとにして規則を作り、その規則から結論を導き出しているが、そのやり方は完全に間違えている。

　特に上記③における悪影響は多大なものがあります。日本で参考書、辞書、英語教本などを作るとき、校正の段階で英米人をインフォーマントと

して利用していますが、たとえ英米人の校正を受けたとしても多くの誤りがあります。それは、いくらネイティブスピーカーだといっても、経歴により無知な単語や語句、文章表現などがあり、癖や好みなども出てくるからです。最低１０から１５人ぐらいのネイティブスピーカーにインフォーマントになってもらわないと、正しい結果はでません。また、インフォーマントの年代も重要です。２０歳代以下は知識や経験の上からでも完全に避けたほうがいいです。６０歳以上では、一昔前の英語表現を使っている場合が多いので、この年代も避けたほうがいいです。英語は生きています。毎日の生活の中でその表現方法も変化しています。よって、インフォーマントとして適切なのは、２０歳代後半から４０歳代前半の年齢で、なおかつ日本に住んでいない英米でバリバリ生活をしている人たちです。日本に長く住んでいると、日本人的発想と感覚を身につけてしまうため、英語の表現の仕方も微妙に変わってきてしまうからです。特に日本語が話せる英米人は避けたほうが無難です。

　また、日本人はとかく英語研究家とか大学教授とかなどの学識者の意見を尊重する傾向にありますが、語学に関しては不適格です。学識者たちは日常的に難しい本からその研究を行なっているため、完全に文章英語の頭になっているからです。英語は学問ではなく、コミュニケーションの手段であるということを考えれば、そんな学識者たちの能書きがそのまま英語力アップにつながるかどうかぐらいは簡単にわかります。なにしろ、英語は英語圏の２．３歳の子どもでも話せる簡単なきまりでできていて、だからこそ、アフリカなど後進国で学校にも行かれないような人たちでさえ、母国語でない英語を話すことができるのです。

　英語は簡単なきまりでできていると前述しました。そのきまりを私は**ネイティブ英文法**と名づけました。そして、私たち日本人に難しい**英発音**と英文を構成するもとになっている**英単語**。それだけをしっかり身につければ、私たち日本人でも簡単に英語を話すことができるようになります。そして、それが確実に受験英語にもつながっていくのです。私が開発したＡｍｅａメソッドで、ネイティブ英文法、英単語、英発音をしっかり身につけて、国際社会の中で世界第３の経済大国の名に恥ずかしくないように、堂々と世界の人たちとコミュニケーションが取れる人材になって行きま

しょう。特に、これからの日本の社会を担っている子ども達には、無理なく自然に英語が身につけられるように指導していく必要があります。今が英語改革を行なうときです。この機会を逃すことなく、皆で日本と日本の子ども達の将来のために、一緒に英語改革を行なって行きましょう！

Yokoマジックで英語改革セミナーでの洋子先生パワフル講義

目　次

はしがき・・・・・・・・・・・・・・・・・・・・・・・・・ⅰ

はじめに － Amea 児童英語＆英語講師養成講座の理解のために・・・1

Part 1　英語教育の実情と問題・教師の責任と役割・・・・・・・・・2

  (1)　教師のための心理学入門・・・・・・・・・・・・・・・・4
  (2)　子どもの発達と心理　Ⅰ・・・・・・・・・・・・・・・・7
  (3)　子どもの発達と心理　Ⅱ・・・・・・・・・・・・・・・・9
  (4)　言葉の発達・・・・・・・・・・・・・・・・・・・・・13
  (5)　これからの英語教育・・・・・・・・・・・・・・・・・16
  (6)　Amea 基本理念とメソッド・・・・・・・・・・・・・・19
      (a)　　人間性・・・・・・・・・・・・・・・・・・・19
      (b)　　カリキュラム・・・・・・・・・・・・・・・・19
      (c)　　教授法・・・・・・・・・・・・・・・・・・・20
      (d)　　英語力・・・・・・・・・・・・・・・・・・・21

Part 2　濃縮ジュースプランニング法・・・・・・・・・・・・・・22

  (1)　濃縮ジュースプランとは・・・・・・・・・・・・・・・22
  (2)　能率的＆効果的な Amea 毎回レッスンとは・・・・・・・36

Part 3　子どもの脳が喜ぶ授業の進め方・・・・・・・・・・・・・44

  (1)　メインレッスン（２０分）・・・・・・・・・・・・・・44
      (a)　　レッスンに入る前に・・・・・・・・・・・・・44
      (b)　　単語導入・・・・・・・・・・・・・・・・・・44
      (c)　　文導入・・・・・・・・・・・・・・・・・・・46
      (d)　　アクティビティー・・・・・・・・・・・・・・60
  ⑵　フォニックス・・・・・・・・・・・・・・・・・・・・67
  ⑶　行事・・・・・・・・・・・・・・・・・・・・・・・・82
  ⑷　授業で使う英語（Classroom English）・・・・・・・・・85

Part 4　ネイティブ英文法（感覚でとらえる英文法）・・・・・・・・87

(1)　日本の英語養育の実情と問題・・・・・・・・・・・・・・87
(2)　Easy English Learning System (EELS)・・・・・・・・・89
(3)　英語の成り立ち・・・・・・・・・・・・・・・・・・・・90
(4)　文型・・・・・・・・・・・・・・・・・・・・・・・・・92
　　(a)　第1文型　S+V・・・・・・・・・・・・・・・・93
　　(b)　第2文型　S+V+C・・・・・・・・・・・・・・・93
　　(c)　第3文型　S+V+O・・・・・・・・・・・・・・・94
　　(d)　第4文型　S+V+O+O・・・・・・・・・・・・・95
　　(e)　第5文型　S+V+O+C・・・・・・・・・・・・・96
(5)　動詞・・・・・・・・・・・・・・・・・・・・・・・・・97
(6)　時制・・・・・・・・・・・・・・・・・・・・・・・・・99
(7)　進行分詞・・・・・・・・・・・・・・・・・・・・・・103
(8)　受動分詞・・・・・・・・・・・・・・・・・・・・・・104
(9)　現在完了形・・・・・・・・・・・・・・・・・・・・・105
(10) 前置詞・・・・・・・・・・・・・・・・・・・・・・・108
(11) 不定詞・・・・・・・・・・・・・・・・・・・・・・・112
(12) 助動詞・・・・・・・・・・・・・・・・・・・・・・・113
(13) 関係詞・・・・・・・・・・・・・・・・・・・・・・・117
(14) 仮定法・・・・・・・・・・・・・・・・・・・・・・・119
(15) EELSを会話に役立てる法・・・・・・・・・・・・・124
(16) EELSを文章読解に役立てる法・・・・・・・・・・・128
(17) 英語力アップの秘訣・・・・・・・・・・・・・・・・129
(18) EELSを中学英語の授業に役立てる法・・・・・・・・132
(19) AmeaメソッドEELSは日本の英語教育の正しい方法論・・・138

Part 5　能力開発トレーニング法・・・・・・・・・・・・・・139

(1)　Speak in Images Training Method・・・・・・・・・・139
　　(a)　ビジュアライズトレーニング・・・・・・・・・・140
　　(b)　絵を見て話すトレーニング・・・・・・・・・・・140
(2)　Amea式能力開発訓練・・・・・・・・・・・・・・・・141
　　(a)　自分の言いたいことを表現する力を養う訓練法・・・・141
　　(b)　相手の言いたいことを理解する力を養う訓練法・・・・142
　　(c)　発想転換トレーニング法・・・・・・・・・・・・142

	(d)	記憶システム開発訓練・・・・・・・・・・・・・・・	**144**
	(e)	創作チャンツ作成法・・・・・・・・・・・・・・・	**145**
	(f)	創作英語歌作成法・・・・・・・・・・・・・・・・	**147**
	(g)	創作英語ゲーム作成法・・・・・・・・・・・・・	**148**
	(h)	創作英語絵本作成法・・・・・・・・・・・・・・	**150**
	(i)	創作英語劇作成法・・・・・・・・・・・・・・・・	**157**
	(j)	確実に英語力が身につく教材開発・・・・・・・	**159**

Part 6　小学校での英語指導法・・・・・・・・・・・・・・・・・ **162**

Part 7　能率的な簡単一般・シニア英会話指導法・・・・・・・・・ **178**

Part 8　Amea式簡単日本語会話教授法・・・・・・・・・・・・・ **182**

　(1)　日本語学習者の目的・・・・・・・・・・・・・・・・・ **182**
　(2)　日本語会話を教えるための濃縮ジュースプランニング・・・ **183**
　(3)　授業で教える日本の文化・生活・・・・・・・・・・・・ **185**
　(4)授業で教える日本の行事・・・・・・・・・・・・・・・・ **186**

Part 9　日本でのこれからの英語教育のあり方・・・・・・・・・ **191**

　(1)　日本で行われている英語教育の現状・・・・・・・・・・ **191**
　(2)　日本の英語教育改善のための理想的システム・・・・・・ **192**
　(3)　EELSで英語を習得する方法・・・・・・・・・・・・・ **193**

おわりに　－　日本の英語教育改革必要性の理解のために・・・・ **198**

＊**Amea**メソッド体験者の声・・・・・・・・・・・・・・・**202**
＊あなたも　**Amea**メソッドで英語を教えよう！・・・・・・・・ 別紙
＊**Amea**通信教育講座申込書・・・・・・・・・・・・・・・・ 別紙

はじめに　　Amea 児童英語＆英語講師養成講座の理解のために

Amea 児童英語＆英語講師養成講座は、１９９８年、日本に先駆けて、日本での塾経営１５年、オーストラリアでの英語教育１６年の経験のある Amea Teacher Training College 校長であるマクマホン洋子により、オーストラリアにて開講されました。開講当時は日本の英語教育現状そのままを取り入れた、ただ楽しく英語を教えることを中心としたコース内容となっておりましたが、半年間の研究授業を行った後、マクマホン洋子校長自ら、Amea メソッドである濃縮ジュースプランニング法、Amea チャンツ、Amea フォニックス、パッチ導入法、Speak in Images Training Method (SITM)、Easy English Learning System (EELS)などを研究開発して、大きな成果をあげております。その授業内容を一般の方たちにわかりやすくまとめたのがこの本です。

　小学校への英語教育導入における学級担任への負担を軽減し、英語力を気にせずに英語を能率よく教えることができる画期的な Amea メソッド。Amea メソッドで中学校の英語教師はわかりやすく英語を中学生に教えることができ、英語学校や英語塾の英語教師も、エンドレスで積み重ねのない市販のテキストを使うことなく、能率的に子ども達に英語を教えることができます。また家庭においても、お母さんがお子さんに日常生活の中で無理なく無駄なく英語を教えることができます。一般の方たちにとっても、英語力を確実に身に付け、使うことができるようになります。

　複雑にされすぎてしまった日本の英語教育ですが、実は英語圏の２，３歳の子どもでさえも話すことができるくらい簡単なきまりでできています。だから国際語になっているのです。Amea メソッドをぜひ身に付けて、いままで英語教育に費やした無駄な時間と費用を取り戻してください。

Part 1　英語教育の実情と問題点・教師の責任と役割

　皆さんは、今の日本の英語教育の実情とその問題点について、どのように考えていますか?

　　　1、　　受験のための英語教育になっている。
　　　2、　　英文法中心で難しい。
　　　3、　　文法ばかりやっていて、話すことをしない。
　　　4、　　実用性のないことばかり教えられて、日常生活に使えない。
　　　5、　　授業がおもしろくない。
　　　6、　　英語を話せない教師が英語を教えている。
　　　7、　　せっかく英語を勉強しても、日本では英語を話す機会がない。

　たくさんの意見が出たと思います。それでは、このような日本における英語教育の問題点をどのように解決していったらいいでしょうか?

　　　1、　日常英会話を教える。
　　　2、　書くための英文法を難しく教えるのではなく、話すための英文法を簡単に教える。
　　　3、　授業を楽しくする。
　　　4、　英語を話せる教師が英語を教える。

　これもいろいろな意見が出たことでしょう。それでは、このような解決策を実際に実行するには、具体的にどうしたらいいか、考えてみましょう。

　　　1、　英語教師が日常会話のための易しい英文法をわかりやすく教える。
　　　2、　英語教師が楽しい授業をする。
　　　3、　英語教師がきちんと英語力が積み重なっていくように、カリキュラムをきちんと作成して教える。

　そうです。日本の英語教育の問題を解決するキーワードは、英語教師にあるのです。英語教師の責任と役割はとても大きいのです。そこで、教師に課せられた責任と役割について、考えてみましょう。

教師と一口に言ってもなかなか掴みきれないものがあるのですが、英語教育に限らず、実際に教師の役割って何だと思いますか？

　　1、　新しい知識を人（子ども）に教える。
　　2、　人（子ども）の進むべき正しい道を教え諭す。
　　3、　子どもたちが成長するのを助ける。

　そうです。このように、教師は子どもの成長に大きな役割を持っています。子どもたちが成長するということは、大人になるための準備として身体ももちろん大きくなりますが、それだけでなく、脳もそれに伴って沢山の知識を積み重ねていくということなのです。その沢山の知識を系統立てて、子どもの成長段階に合わせて、子どもたちが理解しやすいように、また、その知識が自然に定着できるように、わかりやすく噛み砕いて子どもたちに無理なく与えていってあげることこそ、教師の本来の役割なのです。

　Amea Teacher Training College 校長マクマホン洋子は、教師が子どもたちへの教育の役割をきちんと遂行できるように、下記のような Amea メソッドを開発しました。

　　　1、　　　濃縮ジュースプランニング法
　　　2、　　　パッチ導入法
　　　3、　　　Amea チャンツ
　　　4、　　　Amea フォニックス
　　　5、　　　Speak in Images Training Method (SITM)
　　　6、　　　Easy English Learning System (EELS)

　これは、これから授業を進めていく段階で詳しく説明していきます。楽しみにしていてください。

(1) 教師のための心理学入門

　教師は人と接することを職業とします。そのために、まず人の心理を勉強することにしましょう。

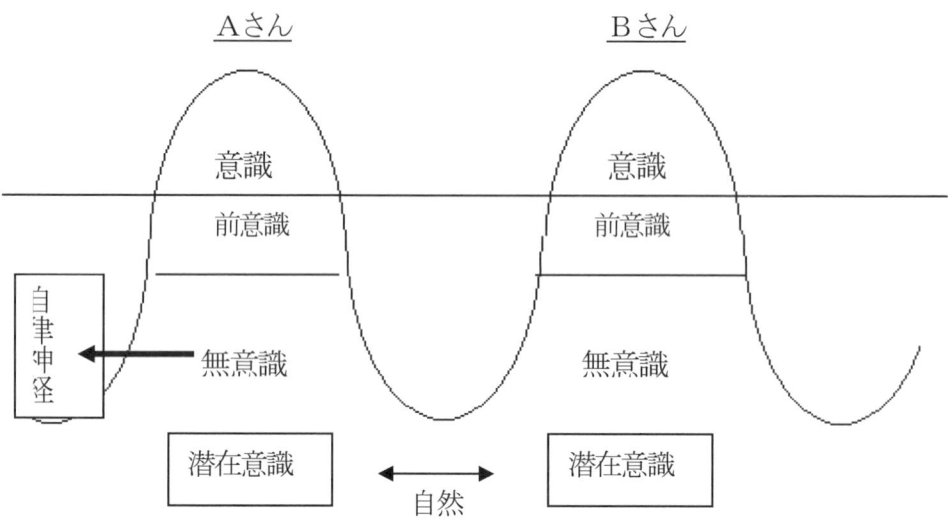

　人間の心理は大きく、意識と無意識に分けることができます。私たちが、見たり考えたりすることは、この意識の部分で行われます。無意識の中には、意識レベルに一番近い部分として前意識があり、深いところでは潜在意識が潜んでいます。（この潜在意識＝無意識と分類する場合もあります。）

　意識の役目は、これから生きていくのに必要な情報を収集することにあります。環境の中で私たちは人間形成されていきますが、その収集判断、収集基準はこの意識を中心に行っています。
　無意識の役目は、生命を維持するために必要な器官、心臓を含めた内臓の働きをコントロールしたり、生きていくために必要な生活習慣・情報を収集するために意識に働きかけたりする役目を持っています。それは、直接自律神経とつながり、協力し合って私たちの生命を維持するために働いています。

人間は、今までに「見たもの」「聞いたもの」「経験したもの」「学んだもの」のすべてが無意識の中へ入っています。ここは底無し沼状態で、どんどん吸収していく事が可能です。無意識は、知識の宝庫なのです。

　人間は生活する中で、それを思い出したり、忘れたりを繰り返す事で、無意識レベルに留まる位置が少しずつ高くなり、次第に前意識に定着し、常に覚えている状態になります。これを記憶のシステムと言い、知識の定着ということにつながります。前意識に定着したものはどんなことがあっても忘れません。子どものころにたくさん歌った校歌などをいまでも歌うことができるのはそのためです。だから復習が大切なのです。
　予習も同じく大切と言えます。それは、一度見たものは、すべて無意識に入るので、予習すれば、次の授業に対する受け入れ皿の準備が整うという事になり、新しい知識が入り易くなるからです。

　また無意識は、自律神経と密なつながりを持っているため、ストレスがどんどんと無意識に溜まっていくと、無意識の中がそのストレスでいっぱいになり、どうにも処理できなくなって、それらが自律神経を直撃します。そうなると、自律神経失調症などになったり、病気が発生したりします。病は気から！！と昔から言われていますが、その通りなのです。

　子どもの場合も同じ事が言えます。日中なんらかのショックが無意識に残った場合、それが自律神経を刺激し、夜泣きなどの現象がおこります。普通はそれで発散できますが、何らかの原因で発散できず、トラウマになって残ったりする事もあります。その場合、そのトラウマが絶えず自律神経を刺激したり、意識に働きかけたりすることがあり、神経症・心身症などの原因になったりするのです。

　また無意識には、他に２つの大きな特長があります。
　一つめは、他人の経験した事を見聞きする事で、あたかも自分が経験したように吸収する事です。だから、新しい知識をすぐに自分でも使うことができるのです。その能力を備えていなければ、文明は進化せず、私たちは原始人と同じように、いまだに木をこすり合わせて火を起こして生活していることでしょう。科学が進歩しているその裏には、私たち人類の持っているすばらしい能力があったわけです。
　「見たこと、聞いたこと、学んだこと」が、自分が「経験したこと」として自分自身に身に付いていくことが、「成長している」ことになります。そして、それ

をつかさどっているのが「無意識」なのです。人類が持っている無意識こそ、「自己の成長」から「科学の進歩」に大きな役目を持っているのです。

　二つめは、そんなすばらしい役割のある無意識ですが、実は善悪の区別を付けることができないという、困った特徴も持っています。そのため、これは正しいこと、これは間違えていること、これはいいこと、これは悪いこと、というように、意識でしっかりと確認をしてから無意識に入れていかないと、無意識に入った時点ですべて正しいこととして認識してしまいます。
　例えば、人を殺すことが悪いことであるという意識がないままに、TVゲームで殺人を繰り返すと、無意識の中に入ったときに、その行為が肯定されて記憶に留まるため、殺人者としての経験ができてしまいます。そして、それを現実で実行してしまう！！というような結果を起こしてしまう場合もでてきます。よって、小さいからといって、何も教えずに好きなことをさせていると、意識で善悪の区別がつかないまま、無意識に入ってしまい、それを価値観の基準として成長していってしまうということになります。
　「三つ子の魂百までも」とはそのとおりで、意識して善悪の区別がつくよう、またそれをきちんと判断できるように促していくことが子どもの成長過程でとても大切なことです。

　また私たち人間は、無意識の深いところで皆つながりを持っているといわれています。それは、私たちも自然の一部であるということの証です。人々の意識と自然界がつながっていることは、私たち人間が悪のエネルギーをためることでそのエネルギーが自然を刺激して、自然災害が起きたりすると言われているのは、このようなことからなのです。

　ところで、皆さんは人の噂話とかしているときに、本人が突然現れて、びっくりした！というような経験はありませんか？それは噂をするからその人が来るのではなくて、その人が自分たちのところに向かって来ているため、無意識の中でそれを感じて、その人の話をし始めたわけなのです。後ろ向きになっているときに、人の視線を感じたり、離れている人に思いが伝わったりするのも、無意識レベルでつながるために起きるのです。特に、お母さんと子ども、双子の兄弟などは、つながりやすいため、片方が病気になったり事故にあったりすると、胸騒ぎがするわけです。

意識・無意識という人の心理における現象は、実は脳の中ですべて行われています。心はハート（心臓）と言われていますが、それもすべて、脳が支配しているのです。だから、赤ちゃんがお腹の中で育つとき、一番先に発達するのが脳なのです。脳によって、私たちの身体も心も能力も、すべてコントロールされています。その重要な仕組みを分かった上で、教師という、人を育てる仕事に携わっていきましょう。

(2)　子どもの発達と心理　Ⅰ

　脳が私たちの心理にどのように働きかけているのか、意識と無意識のシステムを通して勉強しました。意識するしないにかかわらず、見たもの、聞いたもの、感じたもの、学んだものは、無意識に入り、記憶されます。最初は深いところに沈み、思い出すことにより、意識に浮かび上がります。そして、また無意識に沈み、忘れます。でも、このときは、前よりも少し浅いところに沈むため、次に思い出しやすくなります。そして、また思い出すことにより、意識に浮かび上がり、そして忘れることで無意識に沈みます。でも、このときには、以前よりも浅いところに沈みます。「思い出す」「忘れる」を繰り返すことにより、最終的に前意識に定着し、それが知識として記録されます。前意識に入ったものは、必要なときに、必要な形で簡単に思い出すことができるため、それを生活にすぐに役立てることが出来ます。このようにして、人は学習したものを利用することができるようになるのです。

　それでは、このような重要な役目を担っている脳ですが、いったいどのように発達していくのでしょうか？子どもの成長と発達からそれを学んでいきましょう！

　人間はお母さんのお腹の中で卵から細胞分裂し、最初にできるのが脳です。脳はこれから育っていく上ですべてをコントロールする司令塔です。生まれたばかりの赤ちゃんは脳の指令により、

　　　　　1、　　　生きていくために新しい環境になれること
　　　　　2、　　　生きていくために自分の力で呼吸をすること
　　　　　3、　　　生きていくために栄養を取ること
　　　　　4、　　　生きていくために自分の存在を知らせること

5、　　　　生きていくために身体の排泄物を体外に出すこと

を学びます。これも大脳が無意識と自律神経に働きかけをしてくれるため、まだ何も出来ない赤ちゃんにもできるのです。

　ちなみに、赤ちゃんがお腹に入っているときから、生まれてすぐにこれらのことができるように準備は始まっています。お腹に入っているときから、お乳を吸うための準備として、自分の指をしゃぶったり、おしっこをしてみたりということが行われていることはすでに立証されています。と同時に、私たちが忘れてはいけないことがあります。それは、生きていくために必要な知識を得るための準備も、実はお腹の中にいるときから、始まっているということです。

　胎児は、お腹の中にいるときから、さまざまな音を得ています。お母さんの言葉、お父さんの言葉、兄弟・姉妹の言葉、テレビやラジオ、近所の人達の話し声、騒音、掃除機の音、お料理をしている音、けんかの声、音楽など、生活の音をそのまま受け入れているのです。赤ちゃんはまだ意識が発達していないため、無意識の中に直接入ります。お腹にいる１０ヶ月間の間に得る自分の置かれている生活環境の中での言葉、音が無条件に無意識に入り、それが沈みます。沈むということは、忘れるということで、消えることではありません。記憶されているので、意識すれば、すぐに飛び出てくる状態にあります。でも、それは言葉が音として入っているだけで、意味はまだわかりません。よって、知識として定着することは、この時点ではできません。ただし、感情は感覚で掴んでいます。お母さんがリラックスすると、脳内モルヒネが分泌され、胎児にもそれが伝わります。脳内モルヒネによって、心地よい気持ちになり、そのときに感じた感情が無意識に記憶されます。逆にお母さんにストレスがあると、アドレナリンが分泌され、それが胎児にも伝わります。アドレナリンが胎児に伝わると、胎児はとても心地悪い気持ちになります。胎児が顔をしかめたり、苦しがったりすることもすでに立証されています。ストレスの多いお母さんから生まれる子どもにアトピーが多いのは、食べ物のせいだけでなく、このアドレナリンによって、無意識にストレスが溜まり、それが自律神経を刺激して、いちばん最後に作られる消化器官に悪影響を及ぼすためです。

　このように、人間は生まれる前のお母さんのお腹に入っているときから脳の指令により、「聞く」、「感じる」という機能を通して、生きていくための予習をしているのです。

(3) 子どもの発達と心理 Ⅱ

人間はお腹の中にいる時から、生きるための準備をしているんですね。それでは、そんな準備をして生まれてくる赤ちゃんはどのように成長していくのでしょうか？

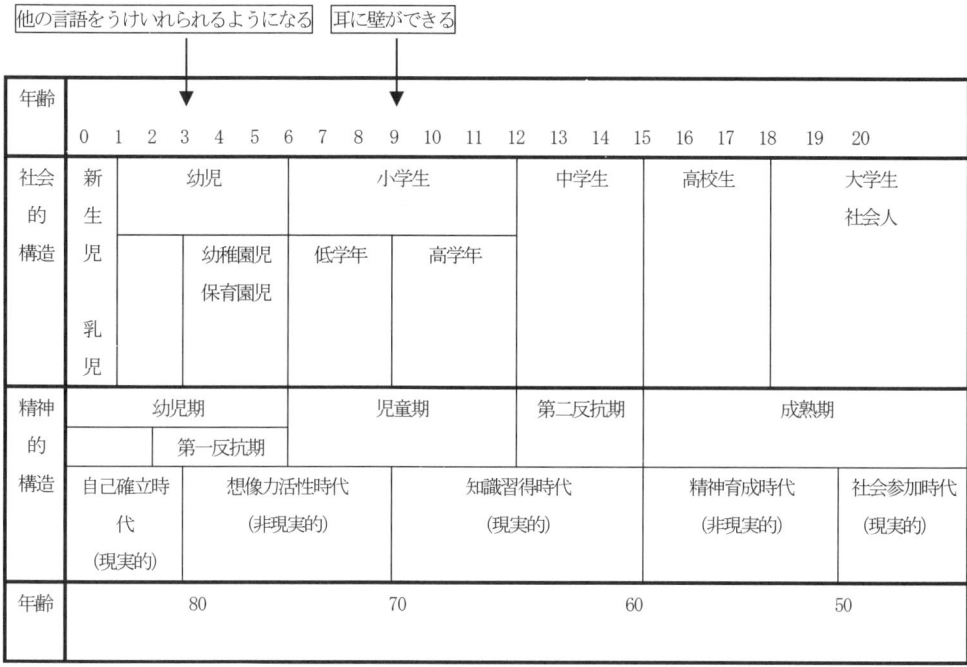

上の表の説明をします。

1、社会的構造とは、年令に応じた社会構造の中で区分を表しています。
　① 生まれてから1ヶ月までを新生児、1歳までを乳児といいます。
　② 1歳から6歳までは幼児、そのうち3歳から6歳までを幼稚園児・保育園児といいます。
　③ 6歳から12歳までを小学生、そのうち、前半の3学年を低学年、後半の3学年を高学年といいます。
　④ 12歳から15歳までを中学生といいます。

⑤ １５歳から１８歳までを高校生といいます。
⑥ １８歳以上は大学生、あるいは社会人といいます。

2、精神的構造とは、脳の発達段階に合わせた区分を表しています。
① 生まれてから６歳までを幼児期といいます。また、２歳から６歳までは第一反抗期と言われています。

> この反抗期は、子どもたちが自分の力で物事を考えられるようになってきた証拠です。自分の考えを伝えたい、そして実行したいという自立心の芽生えから、自己主張という形で現れてきます。年齢に幅があるのは、最初の子、２番目、３番目、一人っ子などというような、環境によってその成長度が異なるためです。反抗期には、いけないことをした時にはきちんとしかる。そしてその後で教え諭す。という手順をしっかり踏んでおかないと、ただ怒られるだけで意味がわからないまま同じことを繰り返したり、反対に反抗期だからしかたがないといってしからないでいると、何でも好き勝手なことをしてもいいという価値観が身に付いてしまったりするので、対応には十分注意が必要です。

② ６歳から１２歳までを児童期といいます。

> 第一反抗期に、善悪の判断、理解する力、がまんすること、協調性などを学んでいるため、落ちついて行動ができるようになります。ただし、第一反抗期に十分にその効果を得ていないと、引き続き、反抗期が続く可能性があります。

③ １２歳から１５歳までは第二反抗期と言われています。

> 中学生の時期にかかる第二反抗期は、とても難しい年齢ということもあって、対応にかなりのエネルギーが必要となります。この時期は身体も大きくなり、行動範囲も広がってくることから、家庭だけなく、様々な価値観を持っての反抗期となるからです。きちんとした目標、生きることへの意欲、将来への希望をしっかり持てるように指導する必要があります。

④ １５歳からは成熟期と言われています。

> 身体的には、大人と変わらない成長を遂げるため、人生50歳のときには、これで成人としました。しかし、科学が進歩し、文明が高度成長を遂げた現

在、社会の一員としてその責任を担うには、まだまだ学ばなければならないことがたくさんあるため、この区分は適さなくなってきています。

3、精神構造を別の角度から区分したものもあります。
① 生まれてから3歳までを自己確立時代といいます。生きていくために必要なものを習得するために、脳は現実的となります。

　この時期は生きていくために必要な「基本的生活習慣」、「善悪の区別」と「価値観」を身につけるように、脳が指令を出します。また、この時に身に付いた生活習慣や善悪の区別、価値観などは、一生、その人の価値観の基本となるため、"三つ子の魂百までも"と言われています。この時期は、自分だけの事だけに目を向け、自分を確立させるための大切な時期と言えます。よって、3歳になる前に弟や妹が生まれ、親やまわりが"お兄ちゃん（お姉ちゃん）だからがまんしなさい！"と言い続けることにより、自分を否定された感情が生まれ、自己確立の前に人のことばかりを考えるようになってしまいます。よって、このような環境の中で育つと、人の事ばかり気になる、自分に自信が持てない大人になってしまう可能性があります。また、親からいつも弟や妹のことを考えるように言われるため、親の愛が自分ではなく、弟や妹に向いていると思い込んでしまい、愛情不足に陥る可能性もあります。子どもは3才違いで作るのが理想といわれるのはこういう理由からなのです。

② 3歳から9歳までを想像力活性時代といいます。生きていくために必要な基本的生活習慣、善悪の区別、価値観などが身に付いた後、これから知識を定着させていくために必要な考える力を養う時期ということで脳は非現実的となります。

　この時期は、考える力を養うということで右脳が活性化されます。もちろん、左脳も同時に成長していきますが、特に右脳の機能が成長する時期です。右脳が活性化されるため、感覚的なものが育ちます。この時期に音楽、絵、スポーツなど、感覚的な才能を伸ばすことができます。よって、他言語を学ぶのにも適しているのです。

③ 9歳から15歳までを知識習得時代といいます。知識を理論的に、系統立てて定着させるために、左脳が活性化します。よって、脳は現実的となります。

9歳から15歳は、知識を定着させる時期です。知識をきちんと定着させるには、まず自分で考え、理解しなければなりません。よって、3歳から9歳までに十分発達した、考える力を使って、今度は左脳が、理解し記憶に定着させてく作業を行っていくのです。この時期になると、物事を感覚的ではなく、理論的に習得するようになるため、耳に壁ができると言われています。よって、他言語を勉強する一番適した時期は、3歳から9歳ということになるのです。

④　15歳から20歳までを精神育成時代といいます。心、精神的なものを養う時期ということで、脳は非現実的となります。

　　　基本的な生活習慣、価値観、善悪の区別がついた後、考える力を養い、知識を習得したら、次に成長するところは、心です。精神的なものは、実は最後の最後まで成長を続けていくのです。もちろん、心、精神的なものは赤ちゃんの時から成長しています。大人になるための心の成長が最終的に集中して行われるのが、この時期ということで、いかに心を育てるのに時間がかかるか、いかに難しいかがわかります。この時期は友情、愛情を重んじるようになります。親より友達が大事になり、外にでる機会が多くなります。友人関係を通して、人とのコミュニケーションスキル、自分の存在価値などを学びます。恋愛もこの時期にとって、とても大切になります。すぐに身体の関係を結ぶ現代の恋愛関係では、心を育てることができません。十分なプラトニックラブで、愛を通して、喜んだり、悲しんだり、苦しんだりすることを通して、自分の心を強く、そして確立することができます。自己確立の影には、正しい人間関係がとても大切です。

⑤　20歳からは社会参加時代といいます。

　　　15歳から20歳までに十分精神的な成長を遂げたとき、社会に貢献することのできる人材になることができます。精神的に不安定だったり、まだ子どものように自分のことしか考えることができなかったりしていたのでは、人とのコミュニケーションをとることができないだけでなく、責任を持って仕事をすることができません。社会に順応できずに、登社拒否を起こしている大人たちには、子どもの発達と心理を踏まえた上で、適切な対応策を取る必要があります。また、生まれてから20歳までの間で、その時期にあった成長過程を踏んでいかないと、それが成長しないまま、大人になり、さまざまな心の問題へのつな

がっていきます。十分にプラトニックラブを経験しなかったために、30歳にもなろうとする女性が14歳、15歳の男子に恋をしたりするのは、そういうことが原因になっていることが多いようです。

社会参加時代の下にある50歳は、この社会参加時代が20歳から50歳まで続くという意味です。50歳をすぎますと、一応人生経験の中から、自分の精神的な部分を見直し、そしてまたそれを充実させていくというような脳の働きが起こってきます。よって、非現実的となります。60歳を過ぎますと、今度は社会に対する責任から解除されるという時代になるため、いままで目を向ける事ができなかった自分自身に目を向けるようになり、自分自身を高めたいという気持ちになっていきます。学習意欲が盛んになるのがこの時期です。よって、現実的になります。70歳になりますと、せちがらい世の中から逃避して、人生を心か楽しみたいという欲求がでてきます。現実的な家庭問題などから離れて、精神的な充実を求めるのがこの時期です。よって、非現実的になります。80歳をすぎますと、長い人生をふりかえり、命の大切さを痛感し、毎日を大切に生きていくようになります。そのために、脳は現実的となります。

(4) 言葉の発達

子どもの発達と心理で、子どもたちがどのように成長していくのかがわかりましたね。それでは、その成長の中で、言葉はどのように発達していくのでしょうか？

区分	年齢	言葉
片言語期	1歳～1歳半	擬声語を話すようになる。
命名期	1歳半～2歳	2語文あるいは、それ以上の単語を使って文が言えるようになる。
羅列期	2歳～2歳半	多語文が言えるようになる。現在・過去・未来の区別がつくようになる。
模倣期	2歳半～3歳	なぜという質問をするようになる。
成熟期	3歳～4歳	話し言葉が一応完成する。
多弁期	4歳～5歳	おしゃべりが大好きな時期。
適応期	5歳～	幼児語が抜ける。発音が完成する。

私たちはお母さんのお腹にいる時から、無意識の中にたくさんの言葉が入っています。ただ、それは音として入っているだけで、知識として入っているわけではありません。生まれて目が見えるようになってくると、いろいろなものに興味を持つようになり、目で物を追うようになります。特に動きのあるものに反応します。それらの物と、いままでに自分の無意識に入っている言葉（音）、または、親や周りの人たちが話す言葉が一致し、知識として少しずつ定着していきます。そして、今度は自分が話すことの練習を始めます。初めは親や周りの人たちが話す口をみて、そのまねをします。口をパクパクしているうちに音がでて、それが楽しくて何度も繰り返し、正しく発音ができるようになっていきます。

　最初に出てくる音で多いのが、「マンマンマン・・・」です。お母さんはそれを聞いて、喜んで赤ちゃんのそばまで来て、返事をします。その繰り返しから、「マンマンマン・・・」というと、その人が来るということから、その人が「マーマー」であることを学びます。それでも、「マンマンマン・・・」と言っていると、今度はお母さんがお腹がすいたのかと思い、ミルクをくれたり、口に何かを入れてくれたりします。そこで、「マンマー」が食べ物（赤ちゃんだからミルクなど）であるというように学習します。そのうちに、それを見たお父さんが「ママだけ言うなんてずるいぞ。パパ、パパ・・・」と一生懸命言うので、赤ちゃんはお父さんの口を見ながらまねをして、とうとう「パパ、パパ」と言うことができるようになります。こんな調子で、赤ちゃんは物と言葉をあわせて、知識として記憶していきます。

　"学ぶ"という言葉は、まねる→まねぶ→まなぶ　と変化してできました。口まねをしているうちに音が出て、それが言葉として定着していくのです。
　物＋言葉＝知識　というように、言葉だけを覚えるのではなく、物に言葉を貼り付けて、どんどん知識として取り込んでいくのです。これが、子どもたちが言葉を覚えていくシステムです。子どもにとって、言葉を覚えるということは、知識を得るということなのです。

　①　1歳〜1歳半
　　　「わんわん」「にゃんにゃん」などの擬声語を話す時期です。わけのわからない言葉を発したとしても、無視したり、笑ったりせずに、きちんと受け答えをしてあげることによって、コミュニケーション能力を身につけることができます。また、言葉を発することにより、自分を表現することを学びます。

② 1歳半～2歳

　　ただしい言葉かけの中から、たくさんの言葉を覚えていきます。それを今度は文章として使い始める時期です。言葉を2つ、3つとつなげていき、自分の言いたい事を表現できるようになっていきます。正しい言葉がけが、子どもたちの会話能力に影響してきます。

③ 2歳～2歳半

　　この時期になると、たくさんの単語をつなげて、長い文が言えるようになります。言葉を知識として定着し、自分の感情や言いたいことをまとめて、文として表現することができるようになるからです。また、時制の感覚もそなわってくるので、現在、過去、未来の区別もつくようになってきて、それを表現することもできるようになります。

④ 2歳半～3歳

　　この時期になると、考える力が少しずつ備わってくるため、自分がいままで得た知識に対しての疑問がでてきます。「どうして？」「何で？」としつこく聞いてきても、邪険にしてはいけません。難しく、細かく説明する必要はないので、易しく簡単にわかりやすく説明してあげるといいでしょう。子どもたちは、質問をすることにより、またその返事を聞くことにより、自分の中で知識の確認、定着をはかっているのです。また、それらの質問に周りの大人がきちんと答えてあげることにより、子どもたちはわからなかったことを知る喜びと満足感を感じ、それが学習意欲へとつながっていきます。

⑤ 3歳～4歳

　　生まれてから3,4年で話し言葉が完成するということは、それまでの間に言葉である音がすでに無意識に入っていて、それらが物とくっついて、知識として定着するからです。子どもたちの会話能力は、家庭環境、親の対応などで大きくことなります。会話能力＝知識ということで、これがこれからの子どもたちの成長の土台となります。

　4歳から5歳はおしゃべりが大好きな時期です。相手をしてあげる事で、言葉の幅が広がり、ボキャブラリーが増していきます。また、いろいろな表現方法も身に付きます。この時期にたくさん言葉を発することにより、言いたい事を開いてに伝える、相手の言いたいことを理解するという能力を養うことができます。

5歳で発音が完成します。発音が完成するということは、その発音に必要な筋肉が出来上がるということです。正しく筋肉が発達すれば、この時期に幼児語がなくなります。それでも、まだ幼児語が残っているということは、発音に必要な筋肉が育っていないということで、それまでに十分に会話をする機会がなかったか、あるいは、発達が遅れているということが原因として考えられます。

(5)　これからの英語教育

　子どもは新しい言葉を覚える時に物に、その物の名称である言葉を貼り付けて、知識として定着させていきます。その言葉が完成する3歳ごろから、他言語である英語教育をしていくことが、子どもたちに無理なく英語を教えることになります。
　3才から右脳が活発化し、考える力を養う想像力活性時代が9才まで続きます。感覚的に物事を捉えることのできるこの時期に、それまでに日本語で入っている知識に英語という新しい言葉を貼り付けてあげる、ただそれだけでどんどん英語を吸収して、日常生活の中で、日本語と同じように使うことが可能なのです。このことが、Amea校長マクマホン洋子開発のAmeaメソッドの基本になっています。

　はい！！　それでは、大きな声で言ってみましょう！

教師が大きな声で	T「好きだよ、好きだよ　I like」
生徒は教師を真似て	S「好きだよ、好きだよ　I like」
教師が大きな声で	T「好きだよ、好きだよ　I like」
生徒は教師を真似て	S「好きだよ、好きだよ　I like」
教師が大きな声で	T「I like」
生徒が	S「I like」

教師が大きな声で	T「I like」
教師は生徒に言わせるように手で指示しながら	S「I like」
教師は生徒に言わせるように手で指示しながら	S「I like」
教師は生徒に言わせるように手で指示しながら	S「I like」
教師は生徒に言わせるように手で指示しながら	S「I like」
教師は生徒に言わせるように手で指示しながら	S「I like」

＊この後に導入した単語のフラッシュカードを見せて、

S「I like cake.」と言わせる。

　どうですか？もう、「　好きだよ、好きだよ　I like　」で覚えてしまったでしょう？これは5つあるAmeaメソッドのうちの1つEasy English Learning Systemの文導入のためのメソッドとリズムで英語を覚えるために工夫されているAmeaチャンツを合わせたものです。Ameaメソッドは子どもたちのすでに知っている言葉に英語を貼り付けてすぐに日常会話に使えるように工夫されています。また、それを練習させるときには、子どもたちが言い易いように、リズムで教えるAmeaチャンツを使うように指導しています。このほかAmeaメソッドには、英語を系統立てて教えることのできる濃縮ジュースプランニング法、コミュニケーションの手段である会話をスムーズに行うためのSpeak in Images Training Systemなど、読み書きと発音を同時に習得できるAmeaフォニックスなどがあります。

　日本における英語教育の現状は、かなりあやふやなものです。児童英語は児童英語、楽しく英語を教えましょう！というキャッチフレーズで、児童英語塾が繁盛しています。受験英語は受験英語、ひたすら英単語、英文を暗記し、問題集を解いて、偏差値は何点、合格か不合格かという世界。そして、大人になれば、一般英会話は一般英会話、英文法を考えていたら英語は話すようになれない。日本語で考えずに英語で考えて話をしよう！などという考え方が繁栄しています。同じ英語教育なのに、3つに分かれていて、それぞれが別々の道を歩んでいるのが

日本の英語教育の現状なのです。果たしてこれでいいのでしょうか？英語教育は英語教育、一つに一貫した教育を行うべきではないのでしょうか？

　私たち日本人は、誰もが英語をものにしたい！　話したい！と思っています。だから、本を買って勉強したり、高額な授業料を払って何年もかけて学校へ行ったりします。しかし、いくら英文法を勉強しても、結局話せない、分からないで終わってしまっているのが現状です。英語教材の年間売り上げはいつも他を大幅に離してトップであるということは、どういうことを意味しているのでしょうか？　冷静に考えてみればわかることです。英語教育のやり方がまちがえているからです。日本人は決して頭の悪い国民ではありません。その私たちが、勉強しても勉強しても英語を習得できないのは、ただ単純に日本のまちがえた英語教育が原因なのです。そのまちがえた英語教育の一環を担っているのが、実は現行の児童英語教育そのものなのです。日本で何年も前に１０年以上児童英語教師をしていたというだけで、児童英語教師を養成しているところが増えてきています。それ自体が大きなまちがいを犯していることに、いまだに気付かないでいる人たちが多いのには困ります。その人たちがきちんと英語教育をしていれば、すでに英語で苦しんでいる人たちはなくなり、多くの若者達が英語を克服しているのではないでしょうか？いまだに、英語を苦手とする若者達がどうして多いのでしょうか？そして、その若者達を、まだ同じまちがいを起こす英語教育をする英語教師にトレーニングして日本に送り出している現状は、決して笑えるものではありません。早くそのまちがいに気付き、日本の英語教育の問題点を根底から解決していかないと、日本はますます世界から取り残された存在となっていくでしょう。隣国である韓国の若者達の英語力はTOEICで８００点以上を出すまでに伸びています。日本人の若者は６００点でもヒーヒー言っているというのに。

　Ameaメソッドはそんな日本の英語教育の問題を完全に解決することができる、優れたメソッドです。いままでバラバラだった英語教育を児童英語、受験英語、そして一般英会話を一貫して学習することができるようにしました。そして、確実に英語圏の人たちと同じ感覚で英語を使いこなすことができるようになります。Ameaメソッドはびっくりするほど、簡単で、楽しくて、そしてもっと学びたいという意欲が湧いてくる画期的なものです。きちんと習得し、ぜひ日本の英語教育の救世主として広げていってください。

⑹ Amea 基本理念とメソッド

⒜ 人間性

　子どもたちに好かれる教師になろう！そうすると、子どもたちは好きな先生が話す英語を話してみたいと思うようになり、それが英語を学ぼうとする気持ちを引き出す・・・・・と言われている児童英語教育ですが、子どもに好かれようとすると、子どもの機嫌を伺ったり、媚びたりすることになり、そのために行動が不自然になって、最終的には子どもに馬鹿にされる教師になる可能性が強いです。教師が、楽しくそして真剣に授業に取り組むことにより、子どもたちにもその楽しさと真剣さが伝わります。教師は常に毅然とした態度で、且つエネルギッシュで、笑顔を絶やすことのない魅力的な人間性を持つように努力しましょう。それには、教師がいつでも豊かな感性を持ち続けることです。そんな教師を子どもたちは尊敬し、慕います。無理に好かれようとするよりも、自分自身を向上させるための努力を怠ることなく、前向きに授業を進めていけば、必ず子どもたちに好かれる教師になることができます。

⒝ カリキュラム　（濃縮ジュースプランニング法）

　日本では、英語教育が、児童英語、受験英語、一般英会話の３つに大きく分けられていて、それぞれが独立した形で教育を行っています。要するに、児童英語は児童英語、受験英語は受験英語、そして、一般英会話は一般英会話と、完全に切り離して扱われているのです。

児童英語	→	子どもたちが英語を好きになるように、楽しさを追求した授業が中心。
受験英語	→	試験に合格するための英文法の授業を中心に、ひたすら英単語と英文の暗記。
一般英会話	→	「英文法を考えないで話しましょう。」「英語を日本語に訳さないで、そのまま英語で覚えましょう。」

　日本人は、このようなばらばらな英語教育を受けているから、いつまでたっても英語を話すことができないのです。日本の英語教育の抱えている問題を解決し、児童英語が必ず、受験英語、一般英会話へとつながっていくような授業を確実にするために、Amea が濃縮ジュースプランニング法を開発しました。

濃縮ジュースプランニング法は、人間の記憶のシステムと子どもの成長過程における脳の働きなどをうまく取り入れて、英語がネイティブと同じフィーリングで話せるようになるように、英語力を積み重ねていく画期的なカリキュラム作成法です。濃縮ジュースプランニング法なら、市販テキストに振り回されることなく、教えるべきことを系統立ててプランニングすることができるようになります。（ちなみに、市販テキストは楽しさのみを追求したり、教えるものがたくさん入りすぎていたりして、英語を実践的に生活の中で使うということにはなかなか結びつかないのが現状です。）

(c) 教授法（Amea チャンツ、Amea フォニックス、SITM 、EELS）

Amea チャンツ

　言葉には各々特有のリズムがある。日本語のリズムは太鼓に例えると一定の間隔で小太鼓が続く感じであるのに対し、英語は大太鼓と小太鼓が交互に打たれる感じ。つまり、英語は強いところと弱いところがはっきりしているということである。英語は、強いところが時間的にほぼ等間隔に現われるため、そのリズムをしっかりとらえることができれば、ネイティブのような自然な英語を話すことができるようになる。

　チャンツはアメリカ英語の自然なリズム、ストレス（強弱）、イントネーション（声の抑揚）を教えるものとして、ニューヨーク大学のキャロリン・グラハム教授により考案された教授法である。1978年に"JAZZ CHANTS FOR ADULTS"がOXFORD PRESSから出版され、以後ESLの英語教材として幅広く世界中で使用されている。

　Ameaではチャンツを、メインレッスンで導入する単語と文を練習させる手段として、Ameaチャンツを開発した。

Amea フォニックス

　フォニックス学習法は、19世紀末にアメリカで、英語圏の子どもたちに読み書きを教える為に考案された。フォニックスは英語の音とそれを表わす文字を結び付け、自分の力で英文を音声化できる画期的な学習法である。日本でも明治時代に紹介されたが　実際に発音を教えられる人がほとんどいなかったため忘れ去られてしまっていた。近年、海外で英語を学ぶ日本の子どもたちが増え、その優れた効果を実際に体験して帰国するようになってきたため、日本

人向けの教材も開発され、特に児童分野でかなり普及してきている。
Ameaフォニックスは日本の子どもたちが無理なくアルファベットの音から、発音、読み書きができるようにAmeaがアレンジしたもの。

SITM（Speak in Images Training Method） 英語を暗記しないで話すには、話したい状況をまずビジュアライズしてから、その絵をもとにして、順番に必要な英単語を並べていき、言葉とする必要がある。そのために、日本人の苦手なビジュアライズをするのにふさわしいAmea開発の訓練法。

EELS（Easy English Learning System） Amea式英会話文法簡単解釈法。英語圏の人達がどのようなフィーリングで英語を使っているのかがわかる画期的なメソッド。これを身につけると、英語を暗記しないで英語を話すことができるようになる。

(d) 英語力

英語を教える教師の英語力は必須です。ただし、正しい英語教授法を身につけてからでも遅くありません。
AmeaメソッドEELSなら、子どもたちに英語を教えながら、教師も確実に英語力を身につけることができます。

洋子先生の簡単明解な授業に参加者は真剣そのもの！

Part 2　濃縮ジュースプランニング法

　Part1では、英語を子どもたちに教えるために必要な発達と心理など理論を学びました。Part2では、実際に子どもたちに英語を教えるためのノウハウを勉強いたしましょう。

(1)　濃縮ジュースプランとは

　子どもたちが言葉を学ぶということは言葉だけを覚えるのではなく、知識と一緒に言葉を習得していくということでした。子どもたちは、物に言葉を貼り付けて、どんどん知識として取り込んでいくのです。これが、子どもたちが言葉を覚えていくシステムです。子どもにとって、言葉を覚えるということは、知識を得るということなのです。
　濃縮ジュースプランニング法は子どもたちが言葉を習得するシステムを能率よく取り入れた、子どもたちが自然に英語を話すことができるようになる画期的なカリキュラム作成法です。それでは、さっそく濃縮ジュースプランを作りましょう。

　　1、　　子どもたちの生活に密着したトピックスを４８個選ぶ。

　　　　　子どもたちが言葉を覚えるときに、一番先に覚えるのは何でしたか？　そう、単語です。子どもたちは単語を覚えてから、それをつなげて文が作れるようになります。よって、子どもに英語を教えるときに一番大切なのは、たくさんの単語力をつけてあげるということです。そこで、その単語を覚え易くするために、子どもたちの生活に密着したトピックスを選びます。そのトピックスによって環境設定をし、その環境の中で単語を導入し練習させます。そうすることにより、子どもたちは自分の持っている知識に英単語を貼り付けて、知識として定着させることができるのです。

　　　　　　トピックスを選ぶときの基準
　　　　　　　　①　　子どもたちの生活に密着しているもの。
　　　　　　　　②　　子どもたちにとって興味のあるもの。
　　　　　　　　③　　子どもたちがイメージしやすいもの。
　　　　　　　　④　　子どもたちが好きなもの。

⑤　知識としてすでに子どもたちの中で定着しているもの。

＜児童英語にふさわしいトピックス＞

数・色・アルファベット・家族・あいさつ・顔・身体・病気・感情・動物園・果物・野菜・食べもの・身近な生き物・家畜・虫・時間・季節・大小長短・動作１（身体を直接動かすもの。例えば、歩く、走るなど）・動作２（行動を表すもの。例えば、食べる、読むなど）・１日の生活（午前）・１日の生活（午後）・楽器・スポーツ・学校・店・建物・職業・リビングルーム・キッチン・ベッドルーム・バスルーム・海・山・川・公園・町の中・形・買物・身につけるもの・文房具・国・月・曜日・教科・天気・乗り物など

2、　トピックスが決まったら、今度は教える順番を決める。

　　英語を教えるとき、トピックスで環境設定をし、その環境の中で必要な単語を導入することが、子どもたちに無理なく英語を覚えさせるコツです。そのトピックスの順番を決めるには、子どもたちにとってより身近なもの、より親しみのあるものなどを最初にもってくるといいでしょう。職業を教える前に色や数を教えたほうが、いいということも想像できると思います。

<u>トピックスの順番を決めるときの基準</u>

①　子どもたちの生活に密着しているものから先に教える。
②　子どもたちにとって興味のあるものから先に教える。
③　子どもたちがイメージしやすいものから先に教える。
④　子どもたちが好きなものから先に教える。
⑤　知識としてすでに子どもたちの中で定着しているものから先に教える。
⑥　トピックスは似た内容のものを続けずにバラバラのほうが習う側の子どもたちにとってややこしくならない。ただし、同じ内容、例えば身体と顔、家の中、自然、一日の生活などは続けてあげたほうがイメージしやすい。

トピックスの順番を考える事はできましたか？下記の表を参考にしてください。
（児童英語に正誤はありません。ただ、より良いもの、よりふさわしいものはあります。この**Amea**の授業からそれを選ぶスキルを身につけてください。ちなみに、下記の表の中のトピックスの順番はあくまでも例です。）

月	レッスン	トピックス	導入単語	導入文
1月	1回目	あいさつ		
	2回目	アルファベット		
	3回目	数		
	4回目	色		
2月	1回目	家族		
	2回目	天気		
	3回目	動作1		
	4回目	おやつ		
3月	1回目	身近な生き物		
	2回目	顔		
	3回目	身体		
	4回目	果物		
4月	1回目	動物園		
	2回目	乗り物		
	3回目	野菜		
	4回目	虫		
5月	1回目	文房具		
	2回目	食べ物		
	3回目	形		
	4回目	スポーツ		
6月	1回目	身につけるもの		
	2回目	家畜		
	3回目	時間		
	4回目	楽器		
7月	1回目	曜日		
	2回目	学校		
	3回目	お店		
	4回目	建物		

8月	1回目	リビングルーム		
	2回目	ベッドルーム		
	3回目	バスルーム		
	4回目	キッチン		
9月	1回目	海		
	2回目	川		
	3回目	山		
	4回目	公園		
10月	1回目	季節		
	2回目	町の中		
	3回目	月		
	4回目	動作2		
11月	1回目	感情		
	2回目	買物		
	3回目	大小長短		
	4回目	病気		
12月	1回目	職業		
	2回目	国		
	3回目	1日の生活（午前）		
	4回目	1日の生活（午後）		

3、　　トピックに関係する単語を8個選ぶ。

　　　トピックスが決まったら、それぞれのトピックスにあった単語を8個ずつ選んでください。ちなみに、子どもたちが新しい単語を覚えるのは一回のレッスンにつき3個～8個です。（年齢、理解力により異なります。）単語を選ぶときの基準は下記の通りです。

単語を選ぶときの基準

① 　子どもたちの生活に密着しているもの。
② 　子どもたちが覚えたら、すぐに生活の中で使えるもの。
③ 　子どもたちがすでに日本語で生活の中で使っているもの。
④ 　知識としてすでに子どもたちの中で定着しているもの。

⑤　基本的なもの。

　それぞれのトピックスに8個ずつの単語を考える事はできましたか？下記の表を参考にしてください。尚、トピックスの中には難しいとか、身近でないなどの理由により、単語を8個以下にしているものもあります。また子どもたちにとってまとまりとして教えてあげたほうがいい単語は、トピックスとは少し異なっても入れてあります。またどうしても入れたほうがいい場合は単語が8個以上になっているトピックスもあります。

月	レッスン	トピックス	導入単語	導入文
1月	1回目	あいさつ	このトピックスでは単語導入はなく文のみ導入する。	
	2回目	アルファベット	アルファベット26文字	
	3回目	数	1～10	
	4回目	色	red, blue, white, green, yellow, black, brown, pink	
2月	1回目	家族	father, mother, brother, sister, grandfather, grandmother, friend	
	2回目	天気	sunny, rainy, windy, snowy, cloudy	
	3回目	動作1	このトピックスでは単語導入はなく文のみ導入する。	
	4回目	おやつ	cake, chocolate, ice cream, pudding, jelly, juice, milk, water	
3月	1回目	身近な生き物	dog, cat, rabbit, turtle, mouse, frog, bird, gold fish	
	2回目	顔	nose, mouth, chin, ears, eyes, cheeks, face, hair	
	3回目	身体	head, neck, shoulders, tummy, bottom, knees, feet, hands	
	4回目	果物	apple, orange, peach, banana, pineapple, watermelon, cherry, strawberry	

4月	1回目	動物園	lion, elephant, bear, tiger, giraffe, penguin, monkey, gorilla.	
	2回目	乗り物	car, bicycle, truck, bus, airplane, helicopter, motorbike, train	
	3回目	野菜	carrot, potato, onion, cabbage, tomato, green pepper, cucumber, radish	
	4回目	虫	butterfly, bee, cicada, beetle, grasshopper, ant, spider, ladybird	
5月	1回目	文房具	pencil, ruler, eraser, pen case, stapler, notebook, scissors	
	2回目	食べ物	meat, fish, vegetables, fruits, noodles, rice, bread, egg	
	3回目	形	circle, square, triangle, rectangle, oval, star, hart,	
	4回目	スポーツ	soccer, volleyball, basketball, table tennis, tennis, golf, badminton, baseball	
6月	1回目	身につけるもの	glasses, watch, skirt, pants, shirt, socks, shoes, hat, cap	
	2回目	家畜	cow, horse, pig, sheep, fox, duck, goat, chicken	
	3回目	時間	11, 12	
	4回目	楽器	piano, guitar, dram, castanets, harmonica, recorder, xylophone, violin	
7月	1回目	曜日	Monday, Tuesday, Wednesday, Thursday, Friday, Saturday, Sunday	

	2回目	学校	classroom, music room, sick bay, teacher's room, pool, gym, library, science room,	
	3回目	お店	flower shop, butcher, book shop, chemist, bakery, fish shop, supermarket, toy shop	
	4回目	建物	bank, post office, department store, hospital, school, cinema, station, park	
8月	1回目	リビングルーム	sofa, clock, window, door, table, vase, television, picture	
	2回目	ベッドルーム	desk, chair, book case, toy box, bed, pillow, blanket, wardrobe	
	3回目	バスルーム	shower, bathtub, towel, tooth brush, tooth paste, soap, mirror, sink	
	4回目	キッチン	knife, spoon, folk, plate, cup, glass, microwave oven, kettle	
9月	1回目	海	the sun, cloud, dolphin, whale, jellyfish, starfish, shell, yacht	
	2回目	川	river, bridge, rainbow, boat, tadpole, crayfish, stone, flower	
	3回目	山	the moon, mountain, lake, waterfall, tree, rock, tunnel, owl	
	4回目	公園	sand box, jungle gym, swing, slide, fountain, flower garden, pond, see-saw	
10月	1回目	季節	spring, summer, autumn, winter, warm, hot, cool, cold	
	2回目	町の中	bus stop, crossing, signal, trash bin, postbox, vending machine, public phone, bench	

	3回目	月	January, February, March, April, May, June, July, August, September, October, November, December	
	4回目	動作2	このトピックスでは単語導入はなく文のみ導入する。	
11月	1回目	感情	hungry, thirsty, happy, sad, scared, angry	
	2回目	買物	このトピックスでは単語導入はなく文のみ導入する。	
	3回目	大小長短	big, small, long, short, dinosaur, flea, snake, lizard	
	4回目	病気	headache, stomachache, toothache, fever, cough, runny nose	
12月	1回目	職業	teacher, doctor, nurse, dentist, singer, police officer, fire fighter, pilot	
	2回目	国	Japan, America, Australia, Korea, China, India, Italy, England	
	3回目	1日の生活（午前）	このトピックスでは単語導入はなく文のみ導入する。	
	4回目	1日の生活（午後）	このトピックスでは単語導入はなく文のみ導入する。	

4、　　選んだ単語を練習させるための文を選ぶ。

　　　　単語が決まったら、その単語を練習させるのにふさわしい文を選びましょう。難しい文は必要ありません。簡単ですぐに生活の中で使える文が最適です。文を選ぶときには、トピックスも考慮して決めましょう。また、導入文は現在形を基本としてください。通常の会話では現在文は毎日の習慣になっていることを言うときに使いますが、子どもたちが英語を学ぶときには、まず現在形で会話ができるようになってから、過去形、未来形が言えるようにしていくことが大切です。そうでないと、ばらばらに

たくさんの知識を入れるだけで、英語力を積み重ねることができません。

文を選ぶときの基準

① 現在形であること。
② 子どもたちが覚えたら、すぐに生活の中で使えるもの。
③ 子どもたちがすでに日本語で生活の中で使っているもの。
④ 知識としてすでに子どもたちの中で定着しているもの。
⑤ 短くて、簡単な文であること。

8個の単語にふさわしい導入文を考える事はできましたか？下記の表を参考にしてください。

月	レッスン	トピックス	導入単語	導入文
1月	1週目	あいさつ		Hello How are you? I'm fine, thank you. What's your name? My name is …… Nice to meet to you. Nice to meet to you, too. Good-by. Good morning. Good night.
	2週目	アルファベット	a b c d e f g h i j k l m n o p q r s t u v w x y z	導入文はなし。ただし、あいさつの時に導入できなかった文を入れてもよい。
	3週目	数	1〜10	How old are you? I'm …years old.
	4週目	色	red, blue, white, green, yellow, black, brown, pink	What colour is this? It's…………

2月	1週目	家族	father, mother, brother, sister, grandfather, grandmother, friend	This is my ……..
	2週目	天気	sunny, rainy, windy, snowy, cloudy	How's the weather, today?　It's ……..
	3週目	動作1		Stand up, sit down, walk, run, jump, stop, turn right, turn left
	4週目	おやつ	cake, chocolate, ice cream, pudding, jelly, juice, milk, water	I like　…….
3月	1週目	身近な生き物	dog, cat, rabbit, turtle, mouse, frog, bird, gold fish	I have (a, an) ……..
	2週目	顔	nose, mouth, chin, ears, eyes, cheeks, face, hair	Touch
	3週目	身体	head, neck, shoulders, tummy, bottom, knees, feet, hands,	Touch
	4週目	果物	apple, orange, peach, banana, pineapple, watermelon, cherry, strawberry	I eat (a, an)……
4月	1週目	動物園	lion, elephant, bear, tiger, giraffe, penguin, monkey, gorilla.	I want (a, an)…….
	2週目	乗り物	car, bicycle, truck, bus, airplane, helicopter, motorbike, train	I buy (a, an) ……
	3週目	野菜	carrot, potato, onion, cabbage, tomato, green pepper, cucumber, radish	I eat (a, an)……
	4週目	虫	butterfly, bee, cicada, beetle, grasshopper, ant, spider, ladybird	I catch (a, an)……
5月	1週目	文房具	pencil, ruler, eraser, pen case, stapler, notebook, scissors	I have (a, an)　……
	2週目	食べ物	meat, fish, vegetables, fruits, noodles, rice, bread,(an) egg	I like ……

	3週目	形	circle, square, triangle, rectangle, oval, star, hart	What shape is this? It's (a, an)……..
	4週目	スポーツ	soccer, volleyball, basketball, table tennis, tennis, golf, badminton, baseball	I play …….
6月	1週目	身につける物	glasses, watch, skirt, pants, shirt, socks, shoes, hat, cap	I wear (a, an, x)…
	2週目	家畜	cow, horse, pig, sheep, fox, duck, goat, chicken	I catch (a, an)…..
	3週目	時間	(1-10), 11, 12	What time is it now? It's ….. o'clock.
	4週目	楽器	piano, guitar, dram, castanets, harmonica, recorder, xylophone, violin	I play (the)……
7月	1週目	曜日	Monday, Tuesday, Wednesday, Thursday, Friday, Saturday, Sunday	What day is it, today? It's …….
	2週目	学校	classroom, music room, sick bay, teacher's room, pool, gym, library, science room,	I go to the …….
	3週目	お店	flower shop, butcher, book shop, chemist, bakery, fish shop, supermarket, toy shop	I go to the …….
	4週目	建物	bank, post office, department store, hospital, school, cinema, station, park	I go to the …….
8月	1週目	リビングルーム	sofa, clock, window, door, table, vase, television, picture	Where is the …..? It's in the livingroom.
	2週目	ベッドルーム	desk, chair, book case, toy box, bed, pillow, blanket, wardrobe	Where is the …..? It's in the bedroom.
	3週目	バスルーム	shower, bathtub, towel, tooth brush, tooth paste, soap, mirror, sink	Where is the …..? It's in the bathroom.

	4週目	キッチン	knife, spoon, folk, plate, cup, glass, microwave oven, kettle	Where is the …..? It's in the kitchen.
9月	1週目	海	the sun, cloud, dolphin, whale, jellyfish, starfish, shell, yacht	There is (a, an)……
	2週目	川	river, bridge, rainbow, boat, tadpole, crayfish, stone, flower	There is (a, an)…
	3週目	山	the moon, mountain, lake, waterfall, tree, rock, tunnel, owl	There is (a, an)…
	4週目	公園	sand box, jungle gym, swing, slide, fountain, flower garden, pond, see-saw	There is (a, an)…
10月	1週目	季節	spring, summer, autumn, winter, warm, hot, cool, cold	….. is …….
	2週目	町の中	bus stop, crossing, signal, trash bin, postbox, vending machine, public phone, bench	There is (a, an)…
	3週目	月	January, February, March, April, May, June, July, August, September, October, November, December	When is your birthday? It's in ……
	4週目	動作2		I read, I write, I eat, I drink, I sleep, I dance, I sing, I get up,
11月	1週目	感情	hungry, thirsty, happy, sad, scared, angry	I'm ……

	2週目	買物	このトピックスの場合は既習の単語を使う。 (Shop assistant→Sa) (Customer→Cu)	Sa: May I help you? Cu: Can I have that? Sa: Here you are. Cu: Thank you. Cu: How much? Sa: It's 2 dollars. Cu: Here you are. Sa: Thank you.
	3週目	大小長短	big, small, long, short, dinosaur, flea, snake, lizard	…..is……
	4週目	病気	headache, stomachache, toothache, fever, cough, runny nose	What's the matter? I have (a)……..
12月	1週目	職業	teacher, doctor, nurse, dentist, singer, police officer, fire fighter, pilot	What do you want to be? I want to be (a, an) ……..
	2週目	国	Japan, America, Australia, Korea, China, India, Italy, England	Where do you want to go? I want to go to ………
	3週目	1日の生活 (午前)		I get up at 7:00 o'clock. I wash my face. I brush my teeth. I eat breakfast at 8:00 o'clock. I go to school. I study English I eat lunch at 12:00 o'clock.

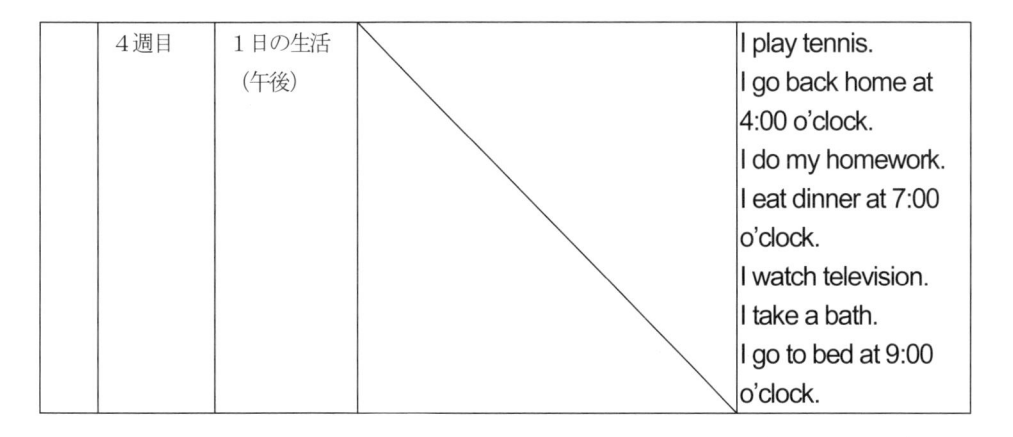

	4週目	1日の生活 (午後)		I play tennis. I go back home at 4:00 o'clock. I do my homework. I eat dinner at 7:00 o'clock. I watch television. I take a bath. I go to bed at 9:00 o'clock.

　これで、1年分（48回分）のメインレッスンのプランが決まりました。これが児童英語の基本になる **Amea** の濃縮ジュースプランです。この作成法を濃縮ジュースプランニング法といいます。

　1年分の濃縮ジュースプランができましたら、それを基本に、トピックスはそのままで、年齢に応じたプランニングを行います。
　幼児～小学1年生ぐらいまでは、導入単語の数が8つでは多いので、数を少なくいたしましょう。幼児は3つ、年長児～小学1年生は5つなど。
導入文は年齢が小さい子でも大丈夫ですが、導入の仕方や、アクティビティーのやらせ方などを工夫してください。

　さて、2年目以降のプランニングですが、同じトピックスで2年目も行いましょう。導入単語は、1年目に入れられなかったものを8つ選んで入れてください。幼児～小学1年生までは、1年目は導入単語の数を減らしていますので、残りを2年目に入れましょう。
　3年目、4年目になってくると、導入単語も品切れとなってきます。そうしたら、そのトピックスを48以外で濃縮ジュースプランに入れることができなかったものと交代してください。

　このように、濃縮ジュースプランは児童英語で能率よく、英語の授業を行うための画期的なプランニング法です。子どもたちが楽しみながら自然に英語を身につけることができるのでぜひご活用ください。

(2) 能率的&効果的な Amea 毎回レッスンプランとは

　子どもたちが英語を学習するとき、子どもたちの身近にあるトピックスで環境設定をし、そのトピックスに合った８個の単語をまず習得させ、それを簡単な導入文の中に組み入れて使わせます。そのことにより、子どもたちが置かれた環境の中で自然に英語を使うことができるようになります。

　濃縮ジュースプランができたところで、能率的&効果的なレッスンのやり方です。1回のレッスンをどのような構成で行なったら能率よく子どもたちに英語を教えることができるのかをここでしっかり身につけてください。レッスンは５０分を基本として行なうように構成してありますが、実際に教える場合は臨機応変に時間調整することも可能です。

＜毎回レッスン＞

1、ウォーミングアップ　　　5分
　目的　① 日本語環境から英語環境へ切り替えやすくする。
　　　　② 顔や口の筋肉をほぐして、元気に発話できるようにする。
　　　　③ 明るい雰囲気をつくる。
　　　　④ メインレッスンで教えた歌の復習。
　＊　メインレッスンで教えた歌の中から３曲選ぶ。身体を使う元気な歌と静かな歌を組み合わせる。
　＊　前の週に教えた歌は必ず入れること。
　＊　1曲につき2回繰り返すこと。1回目では思い出せない子どもも2回目には歌えるようになる。
　＊　無意識レベルからすぐに出てくるようにするために、日本語で説明しないですぐに歌わせること。
　＊　2曲目、3曲目も日本語の説明をいれずに、続けて歌わせる。

2、初めのあいさつ　　　2分
　目的　① 英語で自然にあいさつができるようにする。
　　　　② メインレッスンで教えた文の中であいさつで使えるものはどんどん取り入れ、覚えた英語を自然に子どもたちが使えるようにする。

　　　　（日付、天気など）
　　　③　子どもたちひとりひとりの様子を確認する。
＊　ウォーミングアップが終ったら、前置きなしにすぐにあいさつに入る。先生のほうから、子どもたちに向かって「Hello. How are you?」などと言って、子どもたちに「I'm fine, thank you」と答えさせる。

3、復習　　　　１５分
目的　①　繰り返すことにより記憶の定着をはかる。
　　　②　覚えた英語が自然に口からでるように発話の機会を与える。
　　　③　英語を話すことができるという自信を与える。
＊　あいさつが終ったらすぐにメインレッスンの復習セットを５組から８組行なう。
＊　復習の時に子どもたちが間違えたら、訂正して１回言わせるだけで、メインレッスンのように何回も練習をさせないこと。そのかわり、次回の復習にも必ず入れる。

　復習セット　⑴　メインレッスンで導入した単語を一回ずつ、フラッシュカードをみせながら言わせる。
　　　　　　　　⑵　導入文に単語を入れて一回ずつ言わせる。
　　　　　　　　⑶　チャンツで導入文に単語を入れて一回ずつ言わせる。

4、メインレッスン　　　　２０分
目的　①　新しい単語と文をトピックスで環境設定をした中で教える。
　　　②　アクティビティーを使って、覚えた単語と文が自然に身に付くように練習させる。
＊　メインレッスンに入る前に、「We are going to study about ……」と必ず言うこと。それにより、これから何を勉強するのかという受入れ皿が整う。このとき、トピックスの英語の後に、日本語でトピックスを一回言うと、子どもたちの中でイメージしやすい。ただし、何度もいう必要はない。
　　　　　例：We are going to study about animals, 動物, animals.
＊　メインレッスンは単語導入から始めます。フラッシュカードを見せて、教師がゆっくりその単語を言って、子どもたちにリピートさせましょう。日本語で説明してはいけません。フラッシュカードの絵と言葉を合わせて、子どもたちはすでに日本語で持っている知識にパッチしていきます。
＊　導入する文により、その導入のしかたに工夫が必要です。環境設定のた

めの日本語は使っていいけれど、日本語で説明してはいけないということを忘れないで下さい。

　　□ 日本語での環境設定：今日の天気何かな？　How's the weather today?

　　X 日本語で説明：英語で今日の天気は何かなって聞くのは、How's the weather today?っていうんだよ。

* チャンツ
 メインレッスンで導入した単語と文をチャンツによってリズムよく練習させること。子どもたちがチャンツのリズムによって、導入単語と導入文を身につけやすくなる。
 チャンツのテキストは数多く出ているが、歌詞などが日本の子どもたちに向いていないものも多い。また、一つのチャンツの中にたくさんの英文が入っているものもあり、子どもたちがリズムに合わせて自然に英語を覚えるというよりは、無理して暗記をしなければならないというのが現状である。
 チャンツは英語のリズム、ストレス、イントネーションを教えることを目的としたもので、わかりやすく無理なく覚えられて、こどもたちが自然に言えるもののほうがより効果的。そのためには、市販のチャンツに頼るのではなく、メインレッスンの導入単語と導入文を使ったチャンツを創作するとよい。名づけてAmeaチャンツ！
 チャンツをするとき、最初からリズムに合わせて手拍子をするとチャンツを歌いやすくなる。

* 歌
 歌は導入した単語と文から作ること。新しい文が歌の中にあるときは、その途中で練習させてから、最後まで歌えるようにするとよい。歌は市販のものを利用してもよいが、子どもたちが知っている歌のメロディーを使った替歌を作ると子どもたちがメロディーを覚える必要がないため、歌が覚えやすくなる。
 歌は英語を覚えるのにとても便利なツールである。でも、市販の歌にはチャンツと同じで、歌詞が日本の子ども向けでないものも多くある。またメロディーが難しいために覚えるのに時間がかかり、英語ではなく音楽の授業のようになってしまう。それでは、何が目的なのかわからない。また、歌の歌詞は歌用の英文になっていて、せっかく覚えても会話にはふさわしくないものも多々ある。日本の子どもたちの負担をなるべく少なく、歌を覚えたら、すぐにそれらの歌詞を使って会話もできるような

ものを選んであげることが大切だ。
　また、歌には大きく分けて２種類ある。１つは授業のメインレッスンで導入文と導入単語を教えた後に、それを練習する（使う）ことを目的とした歌。もう一つは、英語圏の子どもたちの生活に触れさせる文化紹介のための歌、英語圏で古くから歌われている歌あるいは遊び歌など。
　歌を教えるときは、それぞれの目的にあったものを選んで教える事が大切である。

*　ゲーム

　ゲームは勝ち負けが中心のものでなく、導入単語と導入文を全員が言えるようなゲーム内容を考えること。ゲームで遊ばせることが目的ではなく、ゲームをすることを通して、導入単語と導入文を使えるようにすることが目的であることを忘れないこと。
　児童英語の授業に欠かせないのがゲームである。子どもたちが大好きなゲームを通して英語を教えるということは、子どもたちに英語は楽しいものだという印象を与えることができる。ところが実際は、英語を教えるためという目的から外れて、楽しませるためのものとしての意味合いが強くなっている。また、勝敗を競うことが中心となってしまって、本来あるべき練習する（使う）場としてのゲームがなかなか市販教材から見つけられないのが現状である。

ゲームを選ぶ場合の注意

1、　ゲームの内容が授業の目的にそったもの
　　　　・導入文と導入単語を使った内容のもの
2、　個人競技・団体競技であっても、最後まで全員が参加できるもの
　　　　・メインレッスンの導入文・導入単語を使用する場としてのゲームでなければならない。そのためには全員が最後まで発話できる内容のものにする。負けたらゲームから外れて、勝者がゲームをしているのを見ているような内容のものは、児童英語教育には不適格。
3、　ゲームで文・単語・文法を教えるのではなく、メインレッスンで教えた文・単語・文法を使う場としてゲームを考えること
　　　　・最近、日本の児童英語教室に、ゲームを通して文・単語・文法を教えようとする傾向がある。それを促す市販教材もかなり出回っている。しかし、子どもたちはゲームをすることに夢中になり、肝心の、覚えなければな

らない文・単語・文法はそのゲームを行なう手段としてしか、身につけることができない。子どもたちにとっての目的はあくまでもゲームになるので、覚えた文・単語・文法はそのゲームをするときには使えるが、実際の生活の場で使えるようになることはなかなかできないので、絶対にゲームで英語を教えることはしないこと。

5、Reading, Writing　　　　5分
　目的　① メインレッスンでは聞くこと・話すことを中心にした授業を行なうため、この時間にアルファベットの読み書き、フォニックス読みを教えて、メインレッスンで覚えた単語や文を自分の力で読んだり書いたりできるようにする。
　　　　② 英語の発音をきちんと身につけさせる。
　＊　教える順序
　　　　① アルファベットの大文字を書けるように練習させる。
　　　　② 覚えたアルファベットの大文字で自分の名前、家族の名前、友達の名前を書く練習をさせる。ただし、アルファベットの大文字を自由にかけるようになることが目的なので、ローマ字読みで読ませないこと。名前を書かせるのは、もっとも身近なものという理由からで、それをローマ字読みさせるためではない。名前を書かせるときには、前もって名前カードを作って、それを見せながら書写させるとよい。
　　　　③ アルファベットの小文字を書けるように練習させる。
　　　　④ 覚えたアルファベットの小文字を使って、いままでメインレッスンで教えた単語の中から3文字単語を選んで書く練習をさせる。3文字単語が書けるようになったら、4文字単語、5文字単語と文字を増やしていく。この場合も、大文字を使って名前を書かせることと同じで、読ませることはせず、あくまでもアルファベットの小文字を書く練習ということに徹すること。これを小学校3年生まで続ける。
　　　　⑤ 小学校3年生になったら、フォニックスにはいる。フォニックスの決まりを理論的に理解させるために、左脳が活発になる9歳以降に教える。

6、1分間 Review　　　　1分
　目的　① Reading, Writing の間に潜在意識に入った導入単語と導入文を復習

させることにより、意識に引き上げ、これにより知識を定着しやすくする。

＊復習させる順序
　① ラッシュカードを見せて、生徒に一度ずつ単語を言わせる。すでにメインレッスンで練習済みなので、教師は決してモデルを示さないこと。生徒が間違えたら、一度直してあげる。決して練習させないこと。
　② 導入文を言わせる。すでにメインレッスンで練習済みなので、教師は決してモデルを示さないこと。一回ずつ生徒たちに言わせる。生徒が間違えたら、正しい文を一度だけ言ってあげて、生徒に言わせる。決して練習させないこと。

7、終わりのあいさつ　　　　2分
目的　① 授業の終わりを知らせる。

＊　That's all for today．と言って、すぐ Good bye song を歌う。子ども達が「え？もう終わり！？もっとやりたいのに！」という気持ちを残した状態で終わりにする。ここで「今日は○○を勉強したね！○○て何だから〜なんだよね、・・・」と今日学んだ事をダラダラ日本語で話してしまうと、子どもたちのテンションは下がり、日本語の頭に切り替わってしまう。また、リズム良く流れてきた授業のテンポをくずす結果となってしまう。リズムを崩さず、勢いを止めずに授業を終わりにすること。子ども達のワクワク感を消さずに、来週が待ちどおしいという気持ちを持たせて帰すことが大切。

以上が毎回レッスンプランの主な流れです。ここで重要なのは毎回同じテンポ、同じ順番にすることです。そうすることで授業に流れができ、子どもたちが学び易くなります。また、先生にとっても次に何をするのを考えなくてもよくなり、教えるべきことに集中してリズムよく授業をすることができるようになります。

　それでは、実際にレッスンプランを作ってみましょう。濃縮ジュースプランに従って、４８のレッスンプランを作成してください。レッスンプランを作成しながら、実際の授業をどのように行なっていったらよいかを学んでいきましょう。

レッスンプラン用紙

① __ヶ月目__週目	② ___年__月__日	③ 講師名 _____
④ トピックス		

	⑤ 授業プラン	⑥ 使用教材・資料・その他
5		
5		
5		
5		
5		
5		
5		
5		
5		
5		
⑦ 反省		

② 濃縮ジュース年間レッスンプランの何月何週の分かを記入する。
③ 授業を行なう日にちを記入する。
④ 授業を行なう講師名を記入する。
⑤ トピックスを記入する。
⑥ 授業プランを記入する。
⑦ 使用教材・資料・その他を記入する。
⑧ 反省を記入する。

レッスンプラン（例）

	授業プラン		使用教材・資料・その他
	1ヶ月目4週目　　２０１５年０１月２６日	講師名　Yoko McMahon	
	トピックス　　　色		
5	ウオーミングアップ		
5	初めのあいさつ		
	復習		
5			
5			
5			
	メインレッスン		
5	導入単語　red, blue, white, black, green, yellow, brown, pink		
5	導入文　What color is this?　　It's ＿＿＿ .		
	アクティビティー		
5	チャンツ 　　歌 　　ゲーム		
	Reading, Writing		
5			
	１分間レビュー		
	終わりのあいさつ		
反省			

43

Part 3　子どもの脳が喜ぶ授業の進め方

　Part1では、教師になるために必要な心理学、子どもたちの発達と心理などを学びました。Part2では、実際に子どもたちに英語を教えるためのノウハウを学びました。Part3では、それをどのように授業に結び付けていったらいいのかを学びます。

　授業はメインレッスンが中心になります。よって、メインレッスンのやり方をまず、最初に身につけることにいたしましょう！

(1)　メインレッスン（２０分）

(a) レッスンに入る前に

　メインレッスンに入る時に、「We are going to study about animals, 動物, animals. （下線部はトピックスによって入れ替える）」と言って、これから何を勉強するのかを子どもたちに示してあげましょう。それにより、子どもたちにこれから何を勉強するのかという受入れ皿が整います。

(b) 単語導入

　濃縮ジュースプランを作成するとき、まず１年分のものを作りましたね。それを基準とし、年齢が小さい子たちには導入する単語を３〜５個にするとか工夫してください。小学生には８個の単語で問題ありません。

　それでは、導入する単語のフラッシュカードによって、導入する単語の練習を行ないましょう。

　　　＊フラッシュカードの作り方
　　　大きさはB5かA4に統一すること。導入する単語の絵をフラッシュカードに書く。上手にかけなくてもいいので、子どもたちがみてすぐにそれとわかるようにする。色鉛筆、クレヨン、水彩絵の具などを使うとよい。また、輪郭を黒のマジックインキで書くと絵がみやすくなる。フラッシュカードは絵のみで、単語は決して書かないこと。市販され

ているものには、単語が書かれているものが多いが、子どもたちの左脳が文字に反応し、右脳で感覚的に絵と言葉を捉えるという作業に支障をきたしてしまうので絵のみとすること。

＊　フラッシュカードを使っての単語導入のしかた
　1）　導入する単語のフラッシュカードを子どもたちが見やすいように持つ。
　2）　子どもたちが見ている最初の単語を教師が発音する。このとき、日本語訳は言わないこと。
　3）　子どもたちに教師が発音した英単語をリピートさせる。その後でまた教師は見本を示す。子どもたちはリピート。それを何回か繰り返して、子どもたちが言えるようになってきたら、教師は見本をやめて、子どもたちだけで言わせる。
　　　教師が見本を示しているとき、初めはゆっくり言ってあげる。子どもたちが言えるようになってきたら、だんだんと普通のスピードにして、最後は普通のスピードで子どもたちだけで言えるようにする。

　　　　＜例＞　　教師：cake（ゆっくり）
　　　　　　　　　生徒：cake
　　　　　　　　　教師：cake（ゆっくり）
　　　　　　　　　生徒：cake
　　　　　　　　　教師：cake（ゆっくり）
　　　　　　　　　生徒：cake
　　　　　　　　　教師：cake（普通のスピード）
　　　　　　　　　生徒：cake
　　　　　　　　　教師：cake（普通のスピード）
　　　　　　　　　生徒：cake
　　　　　　　　　生徒：cake（普通のスピードで生徒だけで）
　　　　　　　　　生徒：cake
　　　　　　　　　生徒：cake
　　　　　　　　　生徒：cake
　　　　　　　　　生徒：cake

　4）　フラッシュカードを見せて単語導入するとき、子どもたちが教

師の後に合わせてリピートしやすいように、教師が手でサインを送ってあげるとよい。

5) 1枚目のカードの単語を生徒が言えるようになったら、2枚目の単語を1枚目と同じように練習させる。
6) 2枚目のカードの単語導入が終ったら、3枚目のカードの単語を導入する前に1枚目と2枚目のカードを交代で子どもたちに見せて、その単語を言わせる。このとき、教師は見本を示さないこと。すでに練習して言えるようになっているので、子どもたち自身に言わせるようにする。
7) 1枚目と2枚目のカードを交代で生徒たちに数回言わせたら、3枚目のカードの単語導入をする。練習のさせ方は、1枚目と2枚目を導入したときと同じ。
8) 3枚目のカードの単語導入が終ったら、4枚目のカードの単語導入をする前に、1枚目、2枚目、3枚目のカードをランダムに見せて子どもたちだけに発音させる。
9) 4枚目以降も同じように導入し、その後、ランダムに子どもたちだけに発音させて5枚目のカードの単語導入を行なう。そして、8枚目まで同じように繰り返す。

(c) 文導入

単語導入が終ったら文の導入の仕方を身につけましょう。

文を導入する時、導入文によって導入のしかたに工夫が必要です。導入する文を感覚的に掴めるように、その文を使う状況、環境設定をわかりやすく行なってください。日本語でぺらぺら説明するのではなく、状況を設定するために必要な最低限の日本語を使ってください。そうでないと、子どもたちの左脳が働いて、感覚的に英語を習得することができません。

かといって、英語のまだわからない子どもたちに、英語で説明をしても無駄です。よく、ヒアリングのために、英語を聞かせるとよいという指導者がいますが、それは大きな間違いです。大人も子どもも、知らない英単語、発音できない英単語は聞き取ることはできません。ヒアリングだけで英語を話せるようになるという考えは正しくありませんので、くれぐれも気をつけましょう。

Ameaでは導入文によって、いろいろな導入法を開発しています。下記はその導入文例です。参考にしてください。

導入文例	導入のしかた例
Hello	◆あいさつを教えるのは初めてのレッスンで行うので、日本語で環境を作りながら文を導入していくとよい。 教師：Hello！（生徒の顔を見ながら何度も Hello といい、生徒にも言わせるように促す。） 生徒：Hello！
Nice to meet you. Nice to meet you, too.	教師：初めて会ったときのごあいさつ！Nice to meet you.！（生徒にリピートさせる。） 生徒：Nice to meet you！（教師がモデルを示し、生徒にリピートを繰り返させる。生徒が言えるようになったら、教師はモデルをやめ、生徒だけで言わせる。） 教師：Nice to meet you!と言われたらね、Nice to meet you, too！　って答えるんだよ。さあ、Nice to meet you, too！（生徒にリピートさせる。） 生徒：Nice to meet you, too！（教師がモデルを示し、生徒にリピートを繰り返させる。生徒が言えるようになったら、教師はモデルをやめ、生徒だけで言わせる。） 教師：Nice to meet you！ 生徒：Nice to meet you, too！（教師が生徒に言わせるように仕向けること。そして、今度は生徒から初めて会ったときのあいさつを言わせる。） 教師：初めて会ったときのごあいさつ？ 生徒：Nice to meet you！ 教師：Nice to meet you, too！

What's your name? My name is ……	教師：Hello！ My name is （教師の名前）． じゃ、みんなも　My name is. ＊まだ名前を言わせずに　My name is. だけを言う練習をさせる。このとき、手で自分の胸を指しながら言わせるとよい。 生徒：My name is. （生徒は自分の胸を指しながら教師の後からリピート。）＊何度か繰り返し言わせた後、教師は改めて自分の名前を言う。 教師：My name is（教師の名前）． ＊生徒にも My name is の後に自分の名前をつけるように促す。 生徒：My name is （生徒の名前）． 　　　　＊生徒が自分の名前を言えるようになったら、今度は名前を聞かれて答えられるようにする。 教師：今日は、先生のお友達が遊びに来ています。（パペットを登場させる。）　いっしょにお名前を聞いてみよう。 　　　　What's your name? 生徒：What's your name? 　　　　＊何回か教師の後からリピートさせ、生徒が言えるようになったら、生徒だけに続けて聞かせてから、パペットに答えさせる。 パペット：My name is Mukumuku.
How are you? I'm fine, thank you.	教師：今度は、Mukumuku に元気かどうか、聞いてみてね 　　　　How are you? Mukumuku: I'm fine, thank you ! 教師：はい、みんなも元気だったら、I'm fine, thank you ! 生徒：I'm fine, thank you !（教師がモデルを示し、生徒にリピートを繰り返させる。生徒が言えるようになったら、教師はモデルをやめ、生徒だけで言わせる。） 教師：今度はみんなが元気かどうか聞いてみよう！ 　　　　How are you? 生徒：How are you?（教師がモデルを示し、生徒にリピートを繰り返させる。生徒が言えるようになったら、教師はモデルをやめ、生徒だけで言わせる。） 　　　　＊教師と生徒で、How are you? I'm fine, thank you.をお互いに言い合う練習をする。それができたら、今度は生徒間で聞いて答えさせる練習をする。

Good morning. Good-bye. Good night.	＊今度はその他のあいさつが言えるようにする。 教師：朝のごあいさつ！　Good Morning.　一緒に！ 生徒：Good Morning.　（教師がモデルを示し、生徒にリピートを繰り返させる。生徒が言えるようになったら、教師はモデルをやめ、生徒だけで言わせる。） 教師：さようなら！　Good-bye! さあ一緒に！ 生徒：Good-bye!　（教師がモデルを示し、生徒にリピートを繰り返させる。生徒が言えるようになったら、教師はモデルをやめ、生徒だけで言わせる。） 教師：あ〜あ（あくびをするまねをしながら）Good night! 　　　さあ一緒に！ 生徒：Good night!　（教師がモデルを示し、生徒にリピートを繰り返させる。生徒が言えるようになったら、教師はモデルをやめ、生徒だけで言わせる。）
How old are you? I'm 10 years old.	◆１−１０の数の単語導入を行なってから文導入を行なう。 教師：今日も Mukumuku が遊びに来てくれました。Mukumuku が何歳か聞いてみるね。　Mukumuku! How old are you? Mukumuku: I'm 10 years old.　（１０のフラッシュカードを見せて言わせる。） 教師：さあ、みんなも１０歳だったら、　I'm 10 years old. 生徒：I'm 10 years old.　（教師がモデルを示し、生徒にリピートを繰り返させる。生徒が言えるようになったら、教師はモデルをやめ、生徒だけで言わせる。生徒が言えるようになったら、数字のカードを見せて、2歳から言わせるようにする。この場合、1歳は I'm 1 year old. と単数形になるため、言わせない。） 教師：それでは、今度はみんなが何歳か聞いてみよう！ 　　　How old are you? 生徒：How old are you?　（教師がモデルを示し、生徒にリピートを繰り返させる。生徒が言えるようになったら、教師はモデルをやめ、生徒だけで言わせる。） Mukumuku: I'm 10 years old. 　　　　＊この後は生徒同士でQ&Aを練習させる。

What color is this? It's red.	◆色の単語導入を行なってから文導入をする。
	教師：今日も Mukumuku が遊びに来てくれました。Mukumuku にこの色は何色か聞いてみるね。 　　　Mukumuku! What color is this?
	Mukumuku: It's red. （赤のフラッシュカードを見せて言わせる）
	教師：さあ、みんなも一緒に、　It's red.
	生徒：It's red.（*教師がモデルを示し、生徒にリピートを繰り返させる。生徒が言えるようになったら、教師はモデルをやめ、生徒だけで言わせる。その後、他の色を入れ替えて言わせる練習をさせる。*）
	教師：それでは、今度はみんなが何色か聞いてみよう！ 　　　What color is this?
	生徒：What color is this?（*教師がモデルを示し、生徒にリピートを繰り返させる。生徒が言えるようになったら、教師はモデルをやめ、生徒だけで言わせる。*）
	教師：It's red. 　　＊この後は生徒同士で Q&A を練習させる。
This is my father.	◆家族の呼び名を単語導入してから文導入をする。
	教師：今日は先生の家族を紹介します。これは私のお父さんです。 　　　This is my father. さあ、これがみんなのお父さんだったら、 　　　This is my father.（生徒にお父さんのフラッシュカードを触らせながら、リピートさせる。）
	生徒：This is my father.（*教師がモデルを示し、生徒にリピートを繰り返させる。生徒が言えるようになったら、教師はモデルをやめ、生徒だけで言わせる。*）

How's the weather today?　It's sunny.	◆天候を単語導入してから文導入をする。 教師：今日も Mukumuku が遊びに来てくれました。Mukumuku に今日の天気は何か聞いてみるね。 　　　　Mukumuku! How's the weather today? Mukumuku: It's sunny. 　　（晴れのフラッシュカードを見せながら言わせる。） 教師：さあ、みんなも一緒に、　It's sunny. 生徒：It's sunny.　（*教師がモデルを示し、生徒にリピートを繰り返させる。生徒が言えるようになったら、教師はモデルをやめ、生徒だけで言わせる。生徒が言えるようになったら、他のフラッシュカードを見せて、天候を入れ替えていれるように練習させる。*） 教師：それでは、今度はみんなが天気は何か聞いてみよう！　How's the weather today? 生徒：How's the weather today?（*教師がモデルを示し、生徒にリピートを繰り返させる。生徒が言えるようになったら、教師はモデルをやめ、生徒だけで言わせる。*） 教師：It's sunny. 　　＊*この後は生徒同士でQ&Aを練習させる。*
stand up, sit down, walk, run, jump, stop, turn right, turn left	◆動作と一緒に言葉を導入する。導入のさせ方は単語導入と同じで、一つずつできるようになってから次の動作を教えること。ランダムに練習させることもわすれないようにすること。

I like cake.	教師：好きだよ、好きだよ、I like
	生徒：好きだよ、好きだよ、I like
	教師：好きだよ、好きだよ、I like
	生徒：好きだよ、好きだよ、I like
	教師：I like
	生徒：I like
	教師：I like
	生徒：I like　（生徒だけで*I like* を何度も言わせる練習をする。生徒だけで言えるようになったら、導入した単語のフラッシュカードを見せて、*I like* の後に続けて言わせて、文を完成させる。）
	生徒：I like cake.　（この後は、フラッシュカードを順番に出して、*I like* の後にその単語を続けて言わせる。
	例・・・*I like chocolate. I like pudding.* など）
I have a dog.	教師：持っているよ、持っているよ、I have
	生徒：持っているよ、持っているよ、I have
	教師：持っているよ、持っているよ、I have
	生徒：持っているよ、持っているよ、I have
	教師：I have
	生徒：I have
	教師：I have
	生徒：I have　（生徒だけで*I have* を何度も言わせる練習をする。生徒だけで言えるようになったら、導入した単語のフラッシュカードを見せて、*I have* の後に続けて言わせて、文を完成させる。）
	生徒：I have a dog.　（この後は、フラッシュカードを順番に出して、*I have* の後にその単語を続けて言わせる。
	例・・*I have a cat.　I have a mouse.* など）

I eat a banana.	教師：食べるよ、食べるよ、I eat
	生徒：食べるよ、食べるよ、I eat
	教師：食べるよ、食べるよ、I eat
	生徒：食べるよ、食べるよ、I eat
	教師：I eat
	生徒：I eat
	教師：I eat
	生徒：I eat （生徒だけでI eatを何度も言わせる練習をする。生徒だけで言えるようになったら、導入した単語のフラッシュカードを見せて、I eatの後に続けて言わせて、文を完成させる。）
	生徒：I eat a banana. （この後は、フラッシュカードを順番に出して、I eatの後にその単語を続けて言わせる。
	例・・I eat a melon.　I eat a peach.　など）
I want a bear.	教師：欲しいよ、欲しいよ、I want
	生徒：欲しいよ、欲しいよ、I want
	教師：欲しいよ、欲しいよ、I want
	生徒：欲しいよ、欲しいよ、I want
	教師：I want
	生徒：I want
	教師：I want
	生徒：I want （生徒だけでI wantを何度も言わせる練習をする。生徒だけで言えるようになったら、導入した単語のフラッシュカードを見せて、I wantの後に続けて言わせて、文を完成させる。）
	生徒：I want a lion. （この後は、フラッシュカードを順番に出して、I wantの後にその単語を続けて言わせる。
	例・・I want a tiger.　I want a monkey.　など）

I buy a potato.	教師：買うよ、買うよ、I buy
	生徒：買うよ、買うよ、I buy
	教師：買うよ、買うよ、I buy
	生徒：買うよ、買うよ、I buy
	教師：I buy
	生徒：I buy
	教師：I buy
	生徒：I buy（生徒だけでI buy を何度も言わせる練習をする。生徒だけで言えるようになったら、導入した単語のフラッシュカードを見せて、I buy の後に続けて言わせて、文を完成させる。）
	生徒：I buy a potato.（この後は、フラッシュカードを順番に出して、I buy の後にその単語を続けて言わせる。
	例・・I buy a carrot.　I buy a onion.　など）
I catch a butterfly.	教師：捕まえるよ、捕まえるよ、I catch
	生徒：捕まえるよ、捕まえるよ、I catch
	教師：捕まえるよ、捕まえるよ、I catch
	生徒：捕まえるよ、捕まえるよ、I catch
	教師：I catch
	生徒：I catch
	教師：I catch
	生徒：I catch（生徒だけでI catch を何度も言わせる練習をする。生徒だけで言えるようになったら、導入した単語のフラッシュカードを見せて、I catch の後に続けて言わせて、文を完成させる。）
	生徒：I catch an ant.（この後は、フラッシュカードを順番に出して、I catch の後にその単語を続けて言わせる。
	例・・・I catch a beetle.　I catch a dragonfly.　など）

I play the piano.	教師：するよ、するよ、I play
	生徒：するよ、するよ、I play
	教師：するよ、するよ、I play
	生徒：するよ、するよ、I play
	教師：I play
	生徒：I play
	教師：I play
	生徒：I play（生徒だけでI play を何度も言わせる練習をする。生徒だけで言えるようになったら、導入した単語のフラッシュカードを見せて、I play の後に続けて言わせて、文を完成させる。）
	生徒：I play the piano.（この後は、フラッシュカードを順番に出して、I play の後にその単語を続けて言わせる。単語の前にはthe をつけるが、人差指で楽器を指してthe といい、その後に楽器の名前を続けて言わせる。
	例・・・I play the guitar.　I play the violin. など）
I wear a shirt.	教師：身につけるよ、身につけるよ、I wear
	生徒：身につけるよ、身につけるよ、I wear
	教師：身につけるよ、身につけるよ、I wear
	生徒：身につけるよ、身につけるよ、I wear
	教師：I wear
	生徒：I wear
	教師：I wear
	生徒：I wear（生徒だけでI wear を何度も言わせる練習をする。生徒だけで言えるようになったら、導入した単語のフラッシュカードを見せて、I wear の後に続けて言わせて、文を完成させる。）
	生徒：I wear a shirt.（この後は、フラッシュカードを順番に出して、I wear の後にその単語を続けて言わせる。
	例・・・I wear pants.　I wear a skirt. など）

I go to the park.	教師：行くよ、行くよ、I go
	生徒：行くよ、行くよ、I go
	教師：行くよ、行くよ、I go
	生徒：行くよ、行くよ、I go
	教師：I go
	生徒：I go
	教師：I go
	生徒：I go（生徒だけでI go を何度も言わせる練習をする。生徒だけで言えるようになったら、導入した単語のフラッシュカードを見せて、I go の後に続けて言わせて、文を完成させる。）
	教師：to the（to は方向を指すオリジンの意味があるので、それを身につけさせるために、to と言う時に手で方向を指し、その後にすぐ the を言って、その後は導入したフラッシュカードの単語を言わせる。）
	生徒：I go to the park.（この後は、フラッシュカードを順番に出して、I go to the の後にその単語を続けて言わせる。
	例・・・I go to the bank. I go to the school. など）
There is a river.	教師：あるよ、あるよ、There is
	生徒：あるよ、あるよ、There is
	教師：あるよ、あるよ、There is
	生徒：あるよ、あるよ、There is
	教師：There is
	生徒：There is
	教師：There is
	生徒：There is（生徒だけでThere is を何度も言わせる練習をする。生徒だけで言えるようになったら、導入した単語のフラッシュカードを見せて、There is の後に続けて言わせて、文を完成させる。）
	生徒：There is a river（この後は、フラッシュカードを順番に出して、There is の後にその単語を続けて言わせる。
	例・・・There is a bridge. There is a boat. など）
I read. I write. I eat. I drink. I sleep. I dance. I sing. I open. I close.	◆動作と一緒に言葉を導入する。導入のさせ方は単語導入と同じで、一つずつできるようになってから次の動作を教えること。ランダムに練習させることもわすれないようにすること。

I'm happy.　I'm sad. I'm sleepy.　I'm hungry. I'm thirsty.　I'm scared. I'm angry.	◆動作と一緒に言葉を導入する。導入のさせ方は単語導入と同じで、一つずつできるようになってから次の動作を教えること。ランダムに練習させることもわすれないようにすること。
I want to be a doctor.	教師：なりたいよ、なりたいよ、I want to be 生徒：なりたいよ、なりたいよ、I want to be 教師：なりたいよ、なりたいよ、I want to be 生徒：なりたいよ、なりたいよ、I want to be 教師：I want to be 生徒：I want to be 教師：I want to be 生徒：I want to be（生徒だけでI want to be を何度も言わせる練習をする。生徒だけで言えるようになったら、導入した単語のフラッシュカードを見せて、I want to be の後に続けて言わせて、文を完成させる。） 生徒：I want to be a doctor.（この後は、フラッシュカードを順番に出して、I want to be の後にその単語を続けて言わせる。 　　　例・・・I want to be a dentist. I want to be a teacher. など）
I want to go to Australia.	教師：行きたいよ、行きたいよ、I want to go 生徒：行きたいよ、行きたいよ、I want to go 教師：行きたいよ、行きたいよ、I want to go 生徒：行きたいよ、行きたいよ、I want to go 教師：I want to go 生徒：I want to go 教師：I want to go 生徒：I want to go（生徒だけでI want to go を何度も言わせる練習をする。生徒だけで言えるようになったら、導入した単語のフラッシュカードを見せて、I want to go の後に to をつけて、その後にカードの単語を続けて言わせて、文を完成させる。） 生徒：I want to go to Australia.（この後は、フラッシュカードを順番に出して、I want to go to の後にその単語を続けて言わせる。 　　　例・・I want to go to Japan. I want to go to Korea. など）

何度もくりかえして練習してください。流れを掴むことにより、教え易くなり、子どもたちもより覚えやすくなります。時間をかけて、毎日練習してください。

導入文セット

　さて、ここで導入文について少し説明します。Amea では児童英語用に導入文セットを考案しました。これにより、児童英語で教える文を整理することができます。

　　　　　　　　　＊導入文セット（have 動詞・一般動詞）

　　　　　　例　① I have …………..
　　　　　　　　② I don't have………
　　　　　　　　③ Do you have……?
　　　　　　Yes.　　① I have ………….
　　　　　　No.　　② I don't have……….
　　　　　　　　④ What do you have?
　　　　　　　（一般動詞によっては Where や When を使う）
　　　　　　　　⑤ I have …………..

◆Do you have…..? の質問に対する答えは、通常、Yes, I do. や No, I don't.だが、子どもの負担を軽くするため、まず、子どもたちがすでに知っている Yes. No. で答えさせ、その後で、すでに言えるようになっている I have………. I don't have…………. を続けて言わせる。これにより、7つの文の組み合わせをたった4つの文を覚えるだけでできるようになる。

◆最初の導入文セットは現在形で行なう。充分に現在形で導入文が言えるようになったら、過去形を入れる。過去形は数年間、英語を勉強して現在形をきちんと習得してから導入したほうが、子どもたちへの負担を少なくし、能率よく英語を覚えさせることができる。

　　　　　　例　① I had…………..
　　　　　　　　② I didn't have………
　　　　　　　　③ Did you have……?
　　　　　　Yes.　　① I had ………….
　　　　　　No.　　② I didn't have……….
　　　　　　　　④ What did you have?
　　　　　　　　⑤ I had …………..

◆ 過去形の次は未来形を加える。（Ameaメソッドでは未来形はなく、will は意志シグナルとしている。また、「意志があるよ」と訳すとわかりやすい。）

　　　　　例　　① I will have…………..
　　　　　　　　② I will not have………
　　　　　　　　③ Will you have……?
　　　　　　Yes.　① I will have ………….
　　　　　　No.　② I will not have……….
　　　　　　　　④ What will you have?
　　　　　　　　⑤ I will have…………...

◆ 現在形、過去形、未来形の次は現在進行形を加える。（Ameaメソッドでは、文法としての現在進行形はなく、動詞の原形＋ing そのものに進行している意味があるとしている。そして動詞の原形＋ing を進行分詞と呼んでいる。）というただし、動詞は進行しているという意味をとらえやすいものに限定する。
　　（例・・・eat, drink, walk, run, sing, dance, write, read, study, etc）

　　　　　例　　① I 'm eating………….
　　　　　　　　② I 'm not eating………
　　　　　　　　③ Are you eating……?
　　　　　　Yes.　① I 'm eating………….
　　　　　　No.　② I 'm not eating……….
　　　　　　　　④ What are you eating?
　　　　　　　　⑤ I 'm eating…………...

　　　　　＊What are you doing?　を導入し、下記で答えさせることもするとよい。(I'm eating.　I'm drinking.　I'm walking.　I'm running. I'm singing.　I'm dancing.　I'm writing.　I'm reading. I'm studying. など)

◆ 1年目の導入文は導入文セットの①肯定文を導入し、アクティビティーにサポートクエッションとして④疑問詞を使った疑問文を導入します。学年によっては②否定文、③疑問文と Yes と No を使ったその答え方も導入することができます。年齢が低い子どもたちへは、①肯定文とアクティビティーに**サポートクエッション**として④疑問詞を使った疑問文を導入し、2年目の濃縮ジュースプランを作成するときに、②否定文、③疑問文と Yes と No を使ったその答え方を導入してください。

◆ ④疑問詞を使った疑問文をメインレッスンで導入することももちろんできます。①肯定文を導入したあとで、「じゃ、みんなで Mukumuku に何を持っているのか、聞いてみよう！ What do you have? （この疑問文をいつものように　教師がモデルを示し、子どもたちにリピートさせるということを繰り返して、練習させる。）」とパペットの Mukumuku にみんなで聞かせて、Mukumuku に「I have a pen.」と答えさせる。それから、子どもたちを２つに分けて、Q & A を交代でさせる。答えさせる単語はフラッシュカードを見せてそれを順番に言わせるようにしましょう。

(d) アクティビティー

　今度は、メインレッスンで導入した単語と文を練習させるためにアクティビティーを考えましょう。市販のチャンツや歌はいろいろな種類の英文がたくさん入っているために、どうしても子どもたちが暗記をしなければなりません。また、せっかく苦労して暗記しても、歌やチャンツのときには歌えても実際の英会話には使えないというのが現状のようです。よって、Ameaでは、メインレッスンのときに導入した英単語と英文を使ったオリジナルのチャンツや歌を作ることを勧めてます。

　どうしても市販のものを利用する場合は、メインレッスンで教えていない部分は省いたり、導入した文や単語に代えたりして使うようにしてください。そうしないと、子どもたちはチャンツや歌のために、また余分な文や単語を覚えなければならなくなり、このことが結果的にきちんと覚えなければならないものに集中できなくなってしまいます。

チャンツ

　　　アクティビティの最初はチャンツ。導入文を練習した続きに、そのままチャンツに入ると、子どもたちは導入単語を入れた導入文を自然にリズムに乗せていいやすくなる。導入した文に導入した単語を組み合わせて練習させた後、それをチャンツにて言わせるとよい。

　　　例・・・教師は Clap（手拍子）をしながら、「Clap your hands. Clap　Clap Clap 」といいながら、子どもたちに Clap をさせて、それからその Clap に合わせて、導入した文を言う。

```
*  *  *  *  *  *  *  *  *  *  *  *
(clap)
 I  have  a dog.  タン    I  have  a cat.  タン    I  have a mouse.  タン
*  *  *  *  *  *  *  *  *  *  *  *
(clap)
 I  have  a rabbit.  タン    I  have  a turtle.  タン    I  have a swallow.  タン
*  *  *  *  *  *  *  *  *  *  *  *
(clap)
 I  have  a sparrow.  タン    I  have  a crow.   タン    I  have a  dog.  タン
```

歌

歌はメロディーに導入単語を入れた導入文を乗せて歌えるようにする。その時、子どもたちが良く知っている歌の替歌にすると、子どもたちにメロディーを覚えるという負担がなくなるので、単語や文だけに集中することができる。導入した文に導入した単語を組み合わせてチャンツを行なった後、子どもたちが良く知っている、替歌にするのに都合のよい歌のメロディーを選んで、そのメロディーに導入文と単語を入れて歌わせるとよい。

例1・・・メリーさんの羊の替歌で
　　　　I go to the post office.　I go to the bank.
　　　　I go to the police station. I go to the hospital.
　　　　I go to the school.　I go to the department store.
　　　　I go to the park.　I go to the theater.

例2・・・キラキラ星の替歌で
　　　　Where is the spoon?　It's in the kitchen.
　　　　Where is the plate?　It's in the kitchen.
　　　　Where is the microwave?　It's in the kitchen.
　　　　Where is the cup ?　It's in the kitchen.
　　　　Where is the folk?　It's in the kitchen.
　　　　Where is the kettle?　It's in the kitchen.
　　　　Where is the knife ?　It's in the kitchen.
　　　　Where is the glass?　It's in the kitchen.

Where is the spoon?　It's in the kitchen.

例3・・・アイアイの替歌で
　　　　I have　　I have　　I have a pen and a notebook.
　　　　I have　　I have　　I have a pencil and a pen case.
　　　　I have　　I have　　I have a ruler and an eraser.
　　　　I have　　I have　　I have a stapler and a bag.

ゲーム

　ゲームは導入した単語と文を使えるように、あまりルールにとらわれない簡単なものを選んであげる。目的はあくまでも、導入した文と単語を、ゲームを通して使えるようにする。ゲームに勝つことが目的にならないように気をつける。また、全員参加型のゲームにしる。出来る子が最後まで残って、出来ない子はすぐにゲームから外れてしまうようなものは絶対にしない。
　導入した文に導入した単語を組み合わせてチャンツや歌を歌った後、そのときに使った単語や文を使って、ゲームを行なう。ゲームで勝つ事が目的にならないように、あくまでも全員参加型を行なうようにすること。

◆ ゲームの種類

① かるた　→　導入単語のフラッシュカードを縮小してカルタ遊びができるくらいの大きさのカードを作り、それを表を出して床やテーブルに広げる。通常のカルタと同じように教師が単語を言って、生徒に取らせる。その時、取った生徒にもその単語を英語で言わせ、他の生徒たちにも続けて単語を言わせるようにする。

② ビンゴ　→　3ｘ3マスの表を作り、その中に導入単語のフラッシュカードを縮小したものを貼る。あまる一つのマスはラッキーマーク（どんなマークでも可。場所は自由に決める。）を描いて、ビンゴになりやすくしてあげる。教師が単語を言って、生徒はビンゴの中の単語をチェックして横、縦、斜めが揃ったら、「ビンゴ！」と生徒に言わせて、勝ちを決める。

ア	イ	ウ
エ	★	オ
カ	キ	ク

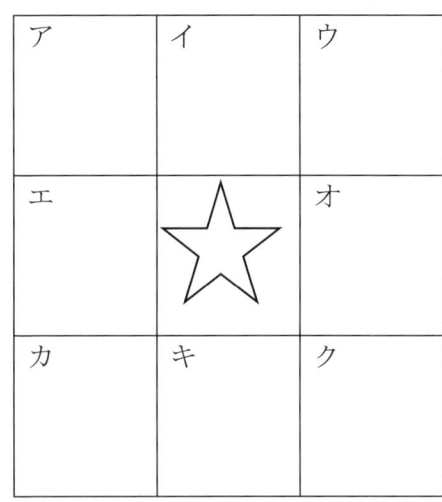

＊ア〜クには導入単語のフラッシュカードを縮小して張り付ける。

③すごろく　→　単語導入で使用したフラッシュカードを床に縦一列に並べ、最初と最後にスタートカードとゴールカードを作って置く。生徒は順番にさいころを振って、出た数だけコマを動かす。この時、教師は「Let's count together!」と言って、コマを動かす時に出た数だけ一緒に他の生徒たちにも数えさせる。担当の生徒はコマが止まったところにあるフラッシュカードの単語を言う。

スタート	ア	イ	ウ	エ	オ	カ	キ	ク	ゴール

＊ア〜クは導入単語のフラッシュカードを置く。

④絵合わせ　→　単語導入で使用したフラッシュカードを縮小して、カルタサイズのカードを2組作り、床やテーブルに広げる。生徒はトランプの神経衰弱ゲームのようにカードを2枚めくり、同じカードが出たらもらえるようにする。生徒がカードをめくる時、その生徒に出た単語を言わせるようにする。また、その後に他の生徒にも単語を言わせるとよい。

⑤福笑い　→　トピックスが顔や身体などの時にそれぞれのパーツを作って、生

徒に目隠しをし、そのパーツを模造紙などに描いた顔や身体に貼らせる。パーツを目隠しした生徒に渡すとき、生徒にそのパーツの名前を言わせてから貼らせるようにする。他の生徒にもそのパーツを言わせるとよい。

⑥フルーツバスケット　→　生徒数が２０名前後あるいはそれ以上の時に行なう。一人一人に導入単語を一つ一つ決めて、生徒の中から一人、鬼を選び、導入単語の中から一つ言わせる。その時、鬼以外の生徒はその数だけ用意された椅子に座わらせる。鬼が言った単語に当たった生徒は、速やかに座っている椅子から立って、他にその単語に当たっている生徒が動いた椅子に座る。その時、鬼も一緒に加わるため、座れない生徒ができる。その座れなかった生徒が次の鬼となる。

⑦ジェスチャーゲーム　→　トピックスが身体を動かすものにふさわしいゲーム。教師が導入した単語あるいは動作のフラッシュカードを一枚、一人の生徒に見せる。その生徒はそれにあったジェスチャーをして他の生徒たちにその動作が何かを当てさせる。ジェスチャーは生徒に順番にさせる。

⑧買い物ゲーム　→　生徒たちを２チームに分けて、買物に使う導入した文を使って、実際に買物をさせる。２チームの中からお店屋さんを一人ずつ選び、それ以外はお客さんになって、対抗チームのお店で買物をさせる。買物をさせるものはいままでに教えた導入単語の中から選ぶ。きちんと英語で買物ができているかどうかを教師はチェックしてあげる。どちらのチームがたくさん買物ができたかを競う。

⑨リズムゲーム　→　手拍子でリズムを取りながら、教師はトピックスを言う。生徒はそのトピックスに合った単語をリズムに合わせながら言っていく。つっかかったらマイナス１点。トピックスは授業で行なったものでもよいが、大まかなもののほうが生徒たちが単語を言いやすい。例えば、生き物、食べ物など。

⑩名前あてゲーム　→　１人の生徒に導入した単語のフラッシュカードを見せないように頭の上に持たせる。このとき、他の生徒たちにはカードが見えるようにする。カードを持った生徒はそのカードが何かを当てる。

当てるための質問を他の生徒たちにしていいが、他の生徒たちはその質問に対して、Yes か No でしか答えてはいけない。全員の生徒に質問してもそのカードが何かわからなかったらマイナス1点。次の生徒の番となる。

⑪数当てゲーム　→　教師がおはじきなどを持って、「How many chips do I have?」と聞き、生徒に答えさせる。生徒たちがいろいろな数を言うので、最後に教師は「Let's count together!」と言って、生徒と一緒に数を数える。

⑫命令ゲーム　→　教師が命令する前に「Simon says.」と言ったら、命令したとおりに行動し、言わなかったら、行動してはいけない。トピックスの動作などにふさわしいゲーム。

ワードサーチ　→　メインレッスンでのゲームではなく、Reading, Writingの時にふさわしいゲーム。Reading, Writingで読み書きの練習をした単語を見つけさせるゲーム。宿題などに出すとよい。

d	c	t	o	r	q	n	i	n	e
i	o	h	e	n	c	u	p	e	n
n	i	g	l	a	s	s	r	z	e
g	n	e	p	i	g	o	a	n	t
o	a	e	p	e	n	n	b	e	d
l	b	c	a	t	e	a	b	s	o
f	i	n	g	e	r	a	i	t	g
o	n	o	r	e	g	i	t	n	e
x	i	s	n	o	o	n	i	i	g
o	x	o	b	o	o	k	i	n	g

dog	egg	bed
cat	nest	ant
pen	apple	pea
tiger	book	box
rabbit	finger	cup
bag	ox	pig
glass	hen	net

＊右側にある単語を左の表から探しましょう！右側にある単語意外にも他の単語が潜んでいるかもしれません。探してみましょう！

⑭連想ゲーム　→　最初の人が言った単語から連想する単語を次の人が言います。その次の人はその単語から連想する単語を言います。こうして、順番にそれぞれの単語から連想する単語を言っていきます。

＜例＞　りんご→赤い→花→公園→滑り台→砂場→海→鯨→ピノキオ

⑮しりとりゲーム　→　最初の人が言った単語の最後のアルファベットから始まる単語を次の人が言います。その次の人もその単語の最後のアルファベットから始める単語をいいます。こうして、順番にそれぞれの単語の終わりのアルファベットから始める単語をいっていきます。

　　＜例＞　Apple　→　Egg　→　Goat　→　Tiger　→　Rainbow　→　Wolf

　メインレッスンはどうでしたか？単語導入からアクティビティーのゲームまで、流れを掴むことはできましたか？
　メインレッスンができるようになったら、あとはこのメインレッスンからの応用です。Part2の授業レッスンプランをもう一度読み返してください。1回のレッスンの流れを復習しながら、頭の中を整理しましょう。

　それでは、次はフォニックスです。**Reading Writing** の時間にアルファベットの大文字と小文字を書けるようにしたあと、このフォニックスを教えましょう。

Ameaメソッドで小学生から大人まで英語が簡単に！

⑵　**Phonics** フォニックス

　フォニックスは１９世紀末にアメリカで、英語圏の子どもたちが文盲にならないように、読み書きを教える為に考案されました。フォニックスは英語の音とそれを表わす文字とを結び付け、自分の力で英文を音声化できる画期的なメソッドです。日本でも明治時代に紹介されましたが、実際にフォニックスを使って発音を教えられる人がほとんどいなかったために、忘れ去られてしまっていました。近年、海外で英語を学ぶ日本の子どもたちが増え、その優れた効果を実際に体験して帰国するようになってきたため、日本でもフォニックスの日本人向け教材が開発され、特に児童英語の分野でかなり普及してきています。

　フォニックスのきまりを教えるのは理論的な説明を理解することができるようになる小学校３年生（９歳）頃が適切です。それ以前はアルファベットの大文字と小文字の読み取り、書き取り、聞き取りができるように指導してください。

　アルファベットとフォニックスは**Reading, Writing**の時間に下記の順番通りに教えてください。アルファベットの授業はメインレッスンでも行ないますが、この**Reading, Writing**の時間に確実に定着するようにじっくりと教えます。

　実際にフォニックスを教えるときに、教師として知っておかなければならないことがあります。それは、英語と日本語の発音の違いは完全に異なるということです。日本語は胸式呼吸で口の中で音を作って発音しますが、英語は腹式呼吸で、口の形・舌の位置・息の出し方によって発音します。よって、日本人が英語を発音する場合、日本語では使わない口の回りの筋肉、舌、息の出し方の訓練をすることにより、正しい英語の発音に近づけることができます。

◆　ウイウイ体操
　　　　日本語には唇を突き出すように細めて発音する［w］の音と横に長く口を引き伸ばして発音する［i：］の音がないため、それを発音することにより英語では使うが日本語では使わない筋肉を鍛えることができる。まず大きく息を吸い、その息が続くかぎり『ウイウイウイウイ・・・・・・』という。口の周りの筋肉が鍛えられ、英語の発音がよりよくなる。１日に一回は練習するとよい。特に英語を話す前に行なうと効果が大きい。

◆　ABC ベロベロ体操

日本語には舌を使う発音が少ないため、舌を鍛えるために行なうとよい舌の体操。AからZまで言いながら、舌を右と左の頬を順番に中から押し出すようにタッチする。舌が鍛えられ、英語の発音がよりよくなる。ウイウイ体操と一緒に1日に一回は練習するとよい。

◆ 息出し体操

日本語は口の中で音を作るため、息で発音する訓練が必要である。お腹の筋肉に力を入れて、息を出しながらアルファベットを言う。英語の本を読んだりするときには、声を出して意識して息による発音を心がけるとよい。

(a) フォニックス読み

a	口を広く左右に広げて日本語の『ア』と『エ』を一緒に下顎を喉のほうに引き付けて息と音を出して発音する。
b	上下の唇を軽く閉じ破裂させるように強く息と音を出し発音する。
c	上の前歯と下の前歯を合わせ、摩擦をするように合わさった歯の間から息だけを出して発音する。
d	舌の先を上の歯茎にあて、いったん息を止め、音と息で舌をすばやくはじいて発音する。
e	日本語の『エ』とほぼ同じ口の形で音と息で発音する。
f	下唇を上の歯にあてて息だけを出して発音する。
g	舌の後部を高く上げて上あごの奥に押し付け、その舌をすばやくはじいて音と息で発音する。
h	喉の奥から息だけを出して発音する。かけっこの後のハーハーと深く息をするように発音するとよい。
i	日本語の『イ』より口を横に開いて音と息で発音する。
j	舌の先を下の前歯の裏側に当て、上と下の前歯を合わせてから、歯をすり合わせるような感じで音と息を出して発音する。
k	舌の後部を高く上げて上あごにつけ、つけた舌をはじいて息だけを出し、発音する。
l	舌の先を上の前歯の裏側に当て、音と息を出して発音する。
m	唇を閉じて、ハミングをするように音と息で発音する。

n		舌全体を上あごにつけ、鼻から息を抜くように音と息で発音する。
o		口を縦に大きく開けて、あくびのように『ア』と音と息で発音する。
p		上下の唇を軽く閉じ、破裂させるように強く息だけを出し発音する。
q		qだけではなく、quとして発音する。[k]を弱く発音し、その後、唇を丸く突き出してすぼめ、強く[w]の発音をつけて、音と息で発音する。
r		舌の付け根を引く感じで音と息で発音する。口を少しすぼめるとよい。舌の先はどこにも触れない。
s		上と下の前歯をあわせて息だけを出して発音する。
t		舌の先を上の前歯の裏側にあてて軽く息をとめ、舌をはじいて息だけで発音する。
u		軽く頭を上に上げる感じで『ア』と力を入れずに音と息で発音する。
v		下唇を前歯の下に軽くつけ音と息で発音する。
w		唇を丸く突き出し、鉛筆の先程にまですぼめて音と息で発音する。
x		[k]の発音に[s]の発音を続けて息だけで発音する。
y		舌の両端に力を入れて上あご（歯の両側）につけ、その間からねじり出すように音と息で発音する。
z		上と下の前歯をあわせてその間から音と息を出して発音する。

(b) フォニックス読みの教え方

フォニックス読みを教える前に、下記を参考に、アルファベット表を作成し、子供たちに渡しましょう。アルファベット表に使うフォントは必ずブロック体（書き文字）にしてください。また、色を塗りやすいように、白抜き文字にしましょう。

a	b	c	d	
e	f	g	h	
i	j	k	l	m	n
o	p	q	r	s	t
u	v	w	x	y	z

アルファベット表の文字配列は、左側に母音が並ぶようにすると、子供たちに母音と子音の違いがわかりやすくなります。

フォニックスの授業をする前に「今日からアルファベットの音を勉強します。アルファベットの音のことをフォニックスといいます。」と言って、子どもたちにこれからフォニックスを勉強することを伝えましょう。

　大きなアルファベット表などを壁やホワイトボードに貼って「これは何ですか？」と、アルファベットを順番に教えていくといいでしょう。教え方は下記を参考にしてください。

母音の教え方

a 　教師「これは何？」生徒「[ei]」教師「そうお名前は[ei]、音は[æ]」生徒にリピートさせる。そして、「これはお母さんの音、母音といいます。お母さんの音だから赤で塗りましょう。」と言って赤の色鉛筆でアルファベット表の白抜きのaの文字を塗らせる。

e 　教師「これは何？」生徒「[iː]」教師「そうお名前は[iː]、音は[e]」生徒にリピートさせる。そして、「これはお母さんの音、母音です。お母さんの音だから赤で塗りましょう。」と言って赤の色鉛筆でアルファベット表の白抜きのeの文字を塗らせる。

i 　教師「これは何？」生徒「[ai]」教師「そうお名前は[ai]、音は[i]」生徒にリピートさせる。そして、「これはお母さんの音、母音です。お母さんの音だから赤で塗りましょう。」と言って赤の色鉛筆でアルファベット表の白抜きのIの文字を塗らせる。

o 　教師「これは何？」生徒「[ou]」教師「そうお名前は[ou]、音は[a]」生徒にリピートさせる。そして、「これはお母さんの音、母音です。お母さんの音だから赤で塗りましょう。」と言って赤の色鉛筆でアルファベット表の白抜きのoの文字を塗らせる。

u 　教師「これは何？」生徒「[juː]」教師「そうお名前は[juː]」、音は[ʌ]」生徒にリピートさせる。そして、「これはお母さんの音、母音です。お母さんの音だから赤で塗りましょう。」と言って赤の色鉛筆でアルファベット表の白抜きのuの文字を塗らせる。

子音の教え方

　母音の5つの音を教えたら、次は子音です。子音には無声音と有声音があります。その違いを教えるために、喉に手を当てさせてフォニックスの発音をさせるといいでしょう。触った手がブルブル感じたら、有声音、何も感じなかったら無声音です。

b　　教師「これは何？」生徒「[biː]」教師「そうお名前は[biː]、音は[b]」生徒にリピートさせる。「喉に手を当てて発音してみよう！」と言って発音させる。ブルブルしているから有声音、青色で塗ろう。」と言って、青色で塗らせましょう。

c　　教師「これは何？」生徒「[siː]」教師「そうお名前は[siː]、音は[k]」生徒にリピートさせる。「喉に手を当てて発音してみよう！」と言って発音させる。ブルブルしていないから無声音、黄色で塗ろう。」と言って、黄色で塗らせましょう。

d　　教師「これは何？」生徒「[diː]」教師「そうお名前は[diː]、音は[d]」生徒にリピートさせる。「喉に手を当てて発音してみよう！」と言って発音させる。ブルブルしているから有声音、青色で塗ろう。」と言って、青色で塗らせましょう。

f　　教師「これは何？」生徒「[ef]」教師「そうお名前は[ef]、音は[f]」生徒にリピートさせる。「喉に手を当てて発音してみよう！」と言って発音させる。ブルブルしているから有声音、青色で塗ろう。」と言って、青色で塗らせましょう。

g　　教師「これは何？」生徒「[dʒiː]」教師「そうお名前は[dʒiː]、音は[g]」生徒にリピートさせる。「喉に手を当てて発音してみよう！」と言って発音させる。ブルブルしているから有声音、青色で塗ろう。」と言って、青色で塗らせましょう。

h　　教師「これは何？」生徒「[eitʃ]」教師「そうお名前は[eitʃ]、音は[hː]」生徒にリピートさせる。「喉に手を当てて発音してみよう！」と言って発音させる。ブルブルしていないから無声音、黄色で塗ろう。」と言って、黄色で塗らせましょう。

j　　教師「これは何？」生徒「[dʒei]」教師「そうお名前は[dʒei]、音は[dʒ]」生徒にリピートさせる。「喉に手を当てて発音してみよう！」と言って発音させる。ブルブルしているから有声音、青色で塗ろう。」と言って、

	青色で塗らせましょう。
k	教師「これは何？」生徒「[kei]」教師「そうお名前は[kei]、音は[k]」生徒にリピートさせる。「喉に手を当てて発音してみよう！」と言って発音させる。ブルブルしていないから無声音、黄色で塗ろう。」と言って、黄色で塗らせましょう。
l	教師「これは何？」生徒「[el]」教師「そうお名前は[el]、音は[l]」生徒にリピートさせる。「喉に手を当てて発音してみよう！」と言って発音させる。ブルブルしているから有声音、青色で塗ろう。」と言って、青色で塗らせましょう。
m	教師「これは何？」生徒「[em]」教師「そうお名前は[em]、音は[m]」生徒にリピートさせる。「喉に手を当てて発音してみよう！」と言って発音させる。ブルブルしているから有声音、青色で塗ろう。」と言って、青色で塗らせましょう。
n	教師「これは何？」生徒「[en]」教師「そうお名前は[en]、音は[n]」生徒にリピートさせる。「喉に手を当てて発音してみよう！」と言って発音させる。ブルブルしているから有声音、青色で塗ろう。」と言って、青色で塗らせましょう。
p	教師「これは何？」生徒「[piː]」教師「そうお名前は[piː]、音は[p]」生徒にリピートさせる。「喉に手を当てて発音してみよう！」と言って発音させる。ブルブルしていないから無声音、黄色で塗ろう。」と言って、黄色で塗らせましょう。
q	教師「これは何？」生徒「[kjuː]」教師「そうお名前は[kjuː]、音は[kw]」生徒にリピートさせる。「喉に手を当てて発音してみよう！」と言って発音させる。ブルブルしているから有声音、青色で塗ろう。」と言って、青色で塗らせましょう。
r	教師「これは何？」生徒「[aːr]」教師「そうお名前は[aːr]、音は[r]」生徒にリピートさせる。「喉に手を当てて発音してみよう！」と言って発音させる。ブルブルしているから有声音、青色で塗ろう。」と言って、青色で塗らせましょう。
s	教師「これは何？」生徒「[es]」教師「そうお名前は[es]、音は[s]」生徒にリピートさせる。「喉に手を当てて発音してみよう！」と言って発音させる。ブルブルしていないから無声音、黄色で塗ろう。」と言って、黄色で塗らせましょう。
t	教師「これは何？」生徒「[tiː]」教師「そうお名前は[tiː]、音は[t]」生徒にリピートさせる。「喉に手を当てて発音してみよう！」と言って発

v	教師「これは何？」生徒「[vi:]」教師「そうお名前は[vi:]、音は[v]」生徒にリピートさせる。「喉に手を当てて発音してみよう！」と言って発音させる。ブルブルしているから有声音、青色で塗ろう。」と言って、青色で塗らせましょう。
w	教師「これは何？」生徒「[dblju:]」教師「そうお名前は[dblju:]、音は[w]」生徒にリピートさせる。「喉に手を当てて発音してみよう！」と言って発音させる。ブルブルしているから有声音、青色で塗ろう。」と言って、青色で塗らせましょう。
x	教師「これは何？」生徒「[eks]」教師「そうお名前は[eks]、音は[ks]」生徒にリピートさせる。「喉に手を当てて発音してみよう！」と言って発音させる。ブルブルしていないから無声音、黄色で塗ろう。」と言って、黄色で塗らせましょう。
y	教師「これは何？」生徒「[wai]」教師「そうお名前は[wai]、音は[j]」生徒にリピート j させる。「喉に手を当てて発音してみよう！」と言って発音させる。ブルブルしているから有声音、青色で塗ろう。」と言って、青色で塗らせましょう。
z	教師「これは何？」生徒「[zi:]」教師「そうお名前は[zi:]、音は[z]」生徒にリピートさせる。「喉に手を当てて発音してみよう！」と言って発音させる。ブルブルしているから有声音、青色で塗ろう。」と言って、青色で塗らせましょう。

　これでアルファベットにお名前と音があることが子どもたちにわかりました。あとはしっかりと発音ができるように練習させてあげましょう。教師がフォニックス（アルファベットの音）を言って、子どもたちにアルファベットのカードをとらせたりして、聞き取りの練習をさせてあげてもいいですね。

アルファベットジングル

　アルファベットの名前と音を覚えたら、今度はそれを一緒にリズムで言えるようにしてあげましょう。

A	says	a a a a	apple
B	says	b b b b	bee
C	says	c c c c	cat
D	says	d d d d	dog
E	says	e e e e	egg
F	says	f f f f	frog
G	says	g g g g	gorilla
H	says	h h h h	hat
I	says	i i i i	ink
J	says	j j j j	jet
K	says	k k k k	kite
L	says	l l l l	lion
M	says	m m m m	monkey
N	says	n n n n	net
O	says	o o o o	octopus
P	says	p p p p	pig
Q	says	q q q q	queen
R	says	r r r r	rabbit
S	says	s s s s	snake
T	says	t t t t	tiger
U	says	u u u u	umbrella
V	says	v v v v	violin
W	says	w w w w	watch
X	says	x x x x	fox
Y	says	y y y y	yacht
Z	says	z z z z	zebra

フォニックスのきまり

　フォニックスを教えたら、今度は単語を自分で読めるようになるために、フォニックスのきまりを教えてあげましょう。

　① 基本の子音　＜pとb,　tとd,　cとg,　fとv,　sとz＞

　　（ア）無声音と有声音の５つのペアで発音の確認をする。
　　　　　１－黒板にpとbを横に並べて書く。
　　　　　２－pを指して、お名前は？　音は？と順番に聞いて、子どもたちにそれぞれ言わせる。
　　　　　３－bを指して、お名前は？　音は？と順番に聞いて、子どもたちにそれぞれ言わせる。
　　　　　４－pを指して、音は？と聞いて、子どもたちに言わせる。
　　　　　５－bを指して、音は？と聞いて、子どもたちに言わせる。
　　　　　６－pとbをランダムに指して、音を子どもたちに言わせる。
　　　　　７－子どもたちがpとbの音をしっかり言えることを確認したら、今度は教師が発音する音を言ったときに、pなら右手、bなら左手のように決めて、子どもたちに上げさせる。
　　　　　８－教師が言った音をノートに書き取る練習をさせる。
　　　　　９－tとd、cとg、fとv、sとzのペアもpとbのペアのように上記の１～８の手順で発音の確認を行う。

　　（イ）１０の子音が聞き分けられるようにする。
　　（ウ）１０の子音の発音が正しくできるようにする。
　　（エ）１０の文字を見たとき、すぐに発音できるようにする。
　　（オ）１０の音を聞いたとき、すぐに文字を書けるようにする。

② 短母音　<a, e, i, o, u >

(ア) 基本の子音と５つの母音を組み合わせて単語が読めるようにする。

１－黒板にaと書いて、お名前は？音は？と順番に聞いて、子どもたちにそれぞれ言わせる。

２－その隣にすこし離して、bagと書き、bを指して、お名前は？　音は？　aを指して、お名前は？　音は？　gを指して、お名前は？　音は？　と順番に聞いて、こどもたちにそれぞれ言わせる。

３－bを指して、音は？　aを指して、音は？　gを指して、音は？と順番に聞いて、子どもたちに言わせる。

４－b、a、gを順番に指して、一緒に音を言う。最初はゆっくりと、何度も繰り返してい言わせる。だんだんスピードを早くして、最後に［bæg］と発音できるように教師がリードしていく。そして「読めたあ！」と言って、子どもたちを褒めてあげる。

(イ) 母音の音を確認しながら、１０の基本子音と組み合わせて単語を読ませていくのは、下記の順で行なうとよい。

1) b＋a＋g→　b a g
2) p＋e＋t→　p e t
3) p＋i＋g→　p i g
4) t＋o＋p→　t o p
5) c＋u＋p→　c u p

③ その他の子音　<m, n, l, r, y, w, j, h, k, x >

(ア) それぞれの子音の音と５つの短母音、基本の１０の子音を組み合わせて、音の確認を行い、単語を読めるようにする。

１－黒板にmと書いて、お名前は？音は？と順番に

聞いて、子どもたちにそれぞれ言わせる。
2－その隣にすこし離して、mapと書き、mを指して、お名前は？ 音は？ aを指して、お名前は？ 音は？ pを指して、お名前は？ 音は？ と順番に聞いて、こどもたちにそれぞれ言わせる。
3－mを指して、音は？ aを指して、音は？ pを指して、音は？と順番に聞いて、子どもたちに言わせる。
4－m、a、pを順番に指して、一緒に音を言う。最初はゆっくりと、何度も繰り返してい言わせる。だんだんスピードを早くして、最後に［mæp］と発音できるように教師がリードしていく。そして「読めたあ！」と言って、子どもたちを褒めてあげる。

(イ) 母音の音を確認しながら、１０の基本子音と組み合わせて単語を読ませていくのは、下記の順で行なうとよい。qは特殊で、必ずuがqのすぐあとについて、quで［kw］と発音する。よって、ここで教えないで、２文字子音のところで教えるとよい。

1) m + a + p → map
2) n + e + t → net
3) l + e + g → leg
4) r + e + d → red
5) y + e + s → yes
6) w + e + b → web
7) j + e + t → jet
8) h + a + m → ham
9) k + e + n → ken
10) f + o + x → fox

④ 魔法使いのe
(ア) 子音＋母音＋子音のあとにeがつくとその子音に挟まれている母音はアルファベット読みになりeは発音しないというきまりがある。そのきまりをわかりやすく、

子どもたちに教えるために、eは魔法使いで母音に魔法をかけるとその母音がお名前読みになると説明するとよい。

1― 黒板にcapと書いて、それぞれのアルファベットを指して、お名前は？　音は？と子どもたちに言わせる。

2― capを指して音だけを言わせ、最後に[kæp]と発音させる。

3― capのあとにeを書きながら、「魔法使いのeが着きました。eはaに魔法をかけたので、aはお名前読みになりました。だから、a says [æ]。」と言って、子どもたちに[æ]と発音させる。

4― capeをそれぞれ指して、[k]、[æ]、[p]、[指でシーといって発音させない]と子どもたちに発音させる。

5― capeのeを手で隠して、capの発音をさせ、手を取って、capeの発音をさせ、その違いがわかるようにする。

（イ）魔法使いのeがついた場合に母音がお名前読みになることを下記の順序で教えていくとよい。

1) cap + e → cape
2) pet + e → Pete
3) bit + e → bite
4) con + e → cone
5) cut + e → cute

⑤ 2文字子音　＜sh, ch, ph, wh, th, ck, ng, qu＞

（ア）2つの子音が一つの音を表わしていることを教える。教える場合は、最初から1つの音として発音され、けっして別々に発音させないこと。最初にべつべつに発音してしまうと、1つの音として発音することが難しくなってしまう。

1 − 黒板にdishと書いて、すぐにshの下に下線を引く。そして、教師が「sh says [ʃ]」と発音。子どもたちにリピートさせる。何回かリピートしたら、dを指して、お名前は？ 音は？ iを指して、お名前は？ 音は？ と子どもたちに聞き、答えさせる。shは導入したとおりに、「sh says」とだけ言って、子どもたちに[ʃ]と発音させる。
2 − d、i、shをそれぞれ指して、子どもたちに音だけ言わせる。だんだん早く言わせて、最後に[diʃ]と言えるようにリードする。

(イ) 2文字子音の音を下記の順序で教えるとよい。
1) sh says [ʃ]　di<u>sh</u>
2) ch says [tʃ]　ben<u>ch</u>
3) ph says [f]　ele<u>ph</u>ant
4) wh says [w]　<u>wh</u>ip
5) th says [θ]　ba<u>th</u>
6) th says [ð]　<u>th</u>is
7) ck says [k]　ba<u>ck</u>
8) ng says [ŋ]　ki<u>ng</u>
9) qu says [kw]　<u>qu</u>it

⑥元気な母音　＜ai, ea, ee, oa, oe, ie＞

(ア) 母音が2つ並んだ場合、最初の母音がアルファベット読みに、次の母音が発音しないきまりがあることを教える。ただし、例外もたくさんあることを伝えること。

1 − 黒板に「ai」と書き、子どもたちの中から2人選んで前に出てもらう。首から下げられるように「a」と「i」のカードを作り、一人の首にaのカード、もう一人の首にiのカードをかける。2人には手をつないで歩いてもらう。狭い通りを前もって椅子などで作って置き、「a」のカードを首に

79

かけた子どもに、元気に「ei」「ei」「ei」と言いながらその狭い通りを通ってもらう。「i」のカードを首にかけた子どもには指で口を押さえてもらいながら、そのあとに続いて通ってもらう。そして、教師はai says [ei]といい、子どもたちにリピートさせる。

(イ) 母音が２つ並んだ場合、最初の母音がお名前読みになり、次の母音はサイレントになることを下記の順序で教えるとよい。

     1) m a i l
     2) p e a
     3) b e e
     4) b o a t
     5) t o e
     6) p i e

⑦連続子音　＜bl, br, cl, cr, dr, fl, fr, gl, gr, pl, pr, tr, sk, sl, sm, sn, sp, spr, st, str, sw, tw＞

(ア) 子音が２つ並んで、それぞれの持っている音をつなげて、１つの音として発音するきまりを教える。

 1－ 黒板にblackと書いて、すぐにblの下に下線を引く。そして、教師が「bl says [bl]」と発音。子どもたちにリピートさせる。何回かリピートしたら、ckにも下線を引き、aを指して、お名前は？　音は？　ckを指して、「ck says [k]」と子どもたちに言わせる。
 2－ bl、a、ckをそれぞれ指して、子どもたちに音だけ言わせる。だんだん早く言わせて、最後に[blæk]と言えるようにリードする。

（イ）連続子音の音を下記のようにリズムよく教えるとよい。

1)	b、l	b、l	bl、bl、bl
2)	b、r	b、r	br、br、br
3)	c、l	c、l	cl、cl、cl
4)	c、r	c、r	cr、cr、cr
5)	d、r	d、r	dr、dr、dr
6)	f、l	f、l	fl、fl、fl
7)	f、r	f、r	fr、fr、fr
8)	g、l	g、l	gl、gl、gl
9)	g、r	g、r	gr、gr、gr
10)	p、l	p、l	pl、pl、pl
11)	p、r	p、r	pr、pr、pr
12)	t、r	t、r	tr、tr、tr
13)	s、k	s、k	sk、sk、sk
14)	s、l	s、l	sl、sl、sl
15)	s、m	s、m	sm、sm、sm
16)	s、n	s、n	sn、sn、sn
17)	s、p	s、p	sp、sp、sp
18)	s、p、r	s、p、r	spr、spr、spr
19)	s、t	s、t	st、st、st
20)	s、t、r	s、t、r	str、str、str
21)	s、w	s、w	sw、sw、sw
22)	t、w	t、w	tw、tw、tw

　フォニックスのきまりはこの他にたくさんあります。最近日本では、児童英語の分野でかなり専門的なきまりまで教えているようですが、理屈であまりきまりごとを教えてしまうと、消化不良を起こしてしまいます。子どもたちには上記のような、最小限のきまりをしっかり教え、きちんと使えるようにしてあげることが大切です。

　基礎が身に付き、土台がしっかりすれば、他のきまりを中学生になってから教えても、充分に間に合います。あせらずに、無理に教え込むようなことはしないようにしてください。

(3) 行事

　子どもたちへの英語教育には、グローバル社会において、国際語である英語を身につけさせるという目的の他に、異文化に触れさせるという目的もあります。国際理解教育の一環として、世界の行事に触れさせることにより、言葉の違いだけでなく、文化の違いも知ることができます。英語圏の子どもたちにとっての身近な文化を、日本の子供たちに行事を通して教えてあげましょう。

① Valentine's Day（2月14日）

　バレンタインデーについてはいろいろな伝説があります。少なくても3名の聖者の名前が挙がっています。3人とも3世紀のローマで聖職者として貢献したと言われています。当時のローマ皇帝が、国のために働く軍人を育てるため、若い軍人に結婚することを禁じました。それに反対し、3名のうちの一人、バレンタイン司祭は皇帝に隠れて、若者達を結婚させていました。それが、皇帝に知られ、処刑されてしまったということです。また、他のバレンタイン司祭も何かの理由で投獄され、その投獄を管理している人の若い娘に恋をし、処刑される前にラブレターを送ったということです。そのラブレターの最後に「From your Valentine」と書いてあったことから、今でもバレンタインデーのプレゼントに添えるカードにその言葉をそのまま使う習慣ができました。

　日本では、バレンタインデーに女の子から好きな男の子にチョコレートを送る習慣がありますが、諸外国では、愛する者同士がお互いの愛を確かめ合う日になっているようです。

　子どもたちには、Reading 、Writingの時間を使って、諸外国のバレンタインデーについて説明してあげて、保護者の方々へのカードを作らせたらいいでしょう。

② Easter （春分の後の最初の満月の次に来る日曜日）

1. Good Friday　　イエス・キリストが処刑された日
2. Easter Sunday　イエス・キリストが蘇った日
3. Easter Monday　イエス・キリストが蘇ったことを祝う日

　イエス・キリストが処刑され、そして3日後に蘇ったことをお祝いします。この時期がちょうど春であることから、イエス・キリストが蘇ったことも合わせて、生命の尊さをお祝いするようになりました。春にはウサギ

がたくさん子どもを産むということから、生命の象徴として、のちにイースターバニーが誕生しました。また、卵も命のもとということで、イースターエッグとなりました。

　この時期には、各国でその国にあったいろいろな催し物が行なわれます。オーストラリアではちょうど秋の時期になるため、収穫祭と合わせて盛大にお祝いします。子どもたちには、イースターの歴史を話してあげるといいでしょう。1日、レッスンの時間を使って、日頃できない英語ゲームなどをして、世界の行事を一緒にお祝いするようにしましょう。

③　Mother's Day（5月第2日曜日）

　母の日は世界共通のようですが、いつ、どこの国から始まったのかは定かでありません。
　Reading, Writingの時間を利用して子どもたちにお母さんへのカードを英語で書かせ、プレゼントするようにしてあげるといいでしょう。

④　Father's Day

　父の日は日本では6月ですが、オーストラリアでは9月です。
　Reading, Writingの時間を利用して、子どもたちにお父さんへのカードを英語で書かせて、プレゼントするようにしてあげるといいでしょう。

⑤　Halloween（10月31日）

　Halloweenは、もともとはクリスチャンのお祝いの一つでHallomasのことです。10月31日の夜に死神や悪魔の霊が集まると言われ、それから今のHalloweenのもとになっています。この日は子どもたちが悪魔などに仮装して、Trick or Treat「ごほうびくれなきゃいたずらするぞ！」と言いながら、近所の家に行って、キャンディーなどをもらいます。子どもにとって楽しい行事の一つになっています。またジャックオーランタンと呼ばれるかぼちゃのおばけを飾ったりします。

　1日、レッスンの時間を使って、日頃できない英語ゲームなどをして、世界の行事を一緒にお祝いするようにしましょう。

⑥　Christmas

　クリスマスは今では日本でも重要な年間行事のうちの一つになっていますが、もともとはクリスチャンの人たちのお祝いの日でした。キリスト様がお生まれになった日が12月25日であり、クリスマスイブはその前夜祭です。日

本ではこのクリスマスイブのほうが盛大にパーティーなどをしますが、本当は静かにキリスト様のお誕生日が来るのを待っている日であるようです。

　クリスマスはキリスト様の誕生日ですが、それではサンタクロースはどうしてクリスマスの日に来るのでしょうか？サンタクロースのもとになっているのは、聖ニコラウスという司祭です。とても心のあたたかい人で、貧しい人たちに施しをしていたということです。特に子どもが大好きで、子どもたちをとてもかわいがったと言われています。貧しい子どもたちにクリスマスイブにプレゼントをしていたことが、のちのサンタクロースのお話になったようです。

　クリスマスは１年のしめくくりという意味でも、保護者などを招いて、発表会などをすることをお勧めいたします。そのときにクリスマスの本当の意味を子どもたちに話してあげるのもいいでしょう。

洋子先生の楽しい授業風景

(4) 授業で使う英語 (Classroom English)

　授業を行なうときに、教師は新しく教えるものを英語で説明してはいけません。英語が理解できないのに、英語で説明されても、子供たちにはわからないからです。たくさんの言葉を使っての説明が必要な場合は、教師は子供たちに日本語で手短に説明をしてあげましょう。

　でも、英語で指示をすることはとても大切です。英語で指示をすることにより、子どもたちに英語環境を作ることができます。また、子どもたちが耳から英語を学ぶことにもなります。できるだけ授業で使う指示語は英語でするように心がけましょう。ただし、初めて使うときには、その日本語の意味を環境設定という形で入れてあげましょう。

　例　　立ってください。Stand upと言いながら手で持ち上げるようなジェスチャーをする。2度目にStand upというときは、もう日本語は使わずに、手のジェスチャーのみ一緒に行なうようにする。

```
Stand up.
Sit down.
Raise your hand. ( hands)
Put your hands down.
Put your hands on your hair. ( face, waist, hips, etc)
Look at me.
Close (Open) your eyes.
Clap your hands.
Shake hands with me.
Do this. ( make a motion )
Put the book on ( under, beside, in ) the box.
Put your books away.
How many chips do you have?
Make two lines.
Get into pairs.
Finished.
Stone, scissors, paper!
Look at the whiteboard.
Point to the picture.
```

Open your books at page 7.
Put your shoes in the shoes box.
Here you are.
May I go to the bathroom?
Say it louder.
Come closer.
Are you ready?
Repeat after me.
Turn over the cards.
How do you spell your name?
Get your books.
Hold hands.
Open the door. (window)
Whose turn is it?
Give the cards back to me.
Please be quiet.
Pick up a card.
Take one and pass it round.
Are you finished?
Turn the page.
Make a circle.
Face each other.
What does it mean?
Trace a line around.
Take off your cap.
Spread the cards on the floor.
Come in front of the whiteboard.
Show your picture to everyone.
Well done.
That's very good.
That's great.
Excellent.
You did a good job.
You did very well

Part 4　ネイティブ英文法

　Part1、2,3では、児童英語教師になるために必要な心理学、子どもたちの成長と発達、実際に子どもたちに英語を教えるためのノウハウ、そして、それをどのように授業に結び付けていったらいいかという実践的メソッドを学びました。
　Part4では、英語圏の人たちが無意識に使っているネイティブ英文法の簡単解釈法であるEELS(Easy English Learning System)を学びます。EELSなら、英語圏的発想と感覚がわかりやすく学べます。

＜1＞　日本の英語教育の実情と問題

　　　私たち日本人は日本で最低6年もの間、英語教育を受けてきていますが、残念ながら英語がとても苦手です。それでも、国際語である英語を話したいという強い思いから、日本での英語教育関係出版物の総売上は他を押しのけてナンバー1。英語教育業界も一兆円産業となっています。
　　　ところで、英語圏の2,3歳の子どもでさえ話すことの出来る英語を、決して頭の悪いわけでない日本人が一生懸命勉強しても話すことができないのはどうしてでしょうか？

　　　どこかでボタンを掛け違えてしまった日本の英語教育。掛け違えてしまったままに、モンスターのように大きく膨らんでしまった日本の英語教育。そして、いまだに大きく膨れ上がっていっています。
　　　日本の英語教育の問題を解決するには、どこでボタンを掛け違えてしまったのかを見つける必要があります。それには、世界の英語教育の現状をきちんと把握することが大切です。

　　　英語圏の人たちは、英単語のオリジンの意味をfeelingで掴み、感覚的に使っています。そして、言いたいことをそのFeelingにあった単語を使って表現しています。英語は、使う人の言いたいこと、表現したいこと、使う人の感覚の違い、使うときの状況、環境の違いなどによって、いろいろな表現方法が生まれてきます。それを形としてまとめたのが、今日私たちが勉強している英文法書であり、最初に英文法書を作ったのはドイツ人だと言われています。

ヨーロッパの人たちは生活の中で英語を使う機会が多く、また英語がもともともとラテン語、ドイツ語、フランス語などからできていることもあり、英語圏の人たちと同じように英語を感覚的に捉えて話すことができます。ただしネイティブではないので、最終的に英語圏の人たちと同じように英文を理解し、使えるようにするためにドイツ人が自分たちのために最初の英文法書を作ったそうです。現在、日本も含めて、世界で学んでいる英文法は、英語をFeelingで掴み、感覚的に使うことができるヨーロッパの人たちのためのものなのです。

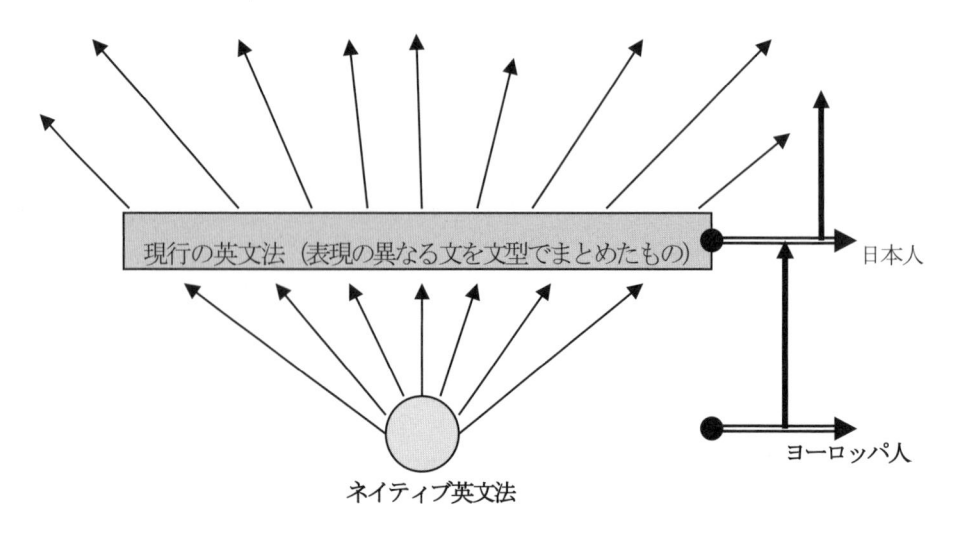

現行の英文法（表現の異なる文を文型でまとめたもの）

ネイティブ英文法

日本人

ヨーロッパ人

　英語圏の人たちは、英単語のオリジンの意味をFeelingで掴み、感覚的に使っています。そして、言いたいことをそのFeelingにあった単語を使って表現しています。英語は、使う人の言いたいこと、表現したいこと、使う人の感覚の違い、使うときの状況、環境の違いなどによって、いろいろな表現方法が生まれてきます。それを形としてまとめたのが、今日私たちが勉強している英文法書であり、最初に英文法書を作ったのはドイツ人だと言われています。

　ヨーロッパの人たちは生活の中で英語を使う機会が多く、また英語がもともともとラテン語、ドイツ語、フランス語などからできていることもあり、英語圏の人たちと同じように英語を感覚的に捉えて話すことができます。ただしネイティブではないので、最終的に英語圏の人たちと同じように英文を理解し、使えるようにするためにドイツ人が自分たちのために最初の英文法書を作ったそうです。現在、日本も含めて、世界

で学んでいる英文法は、英語をFeelingで掴み、感覚的に使うことができるヨーロッパの人たちのためのものなのです。

　日本が英語を日本に導入するとき、この文法書を取り入れ、それに基づいて英語教育を始めたために、英語をFeelingで捉え、感覚的に使うということを身につけることがないまま、形からの英語教育を進めてきました。日常生活の中に英語を使う機会が全くない日本人にとって、形から入ってしまった英語は、暗記をすること以外に学ぶ道はなく、人によって、状況によって異なる、限りない表現方法を、限りなく暗記し続けることとなってしまいました。英語圏ならたった2，3歳の子どもでも話すことができる英語を、永遠の課題のようにしがみつきながら、歯を食いしばって、ひたすら勉強し続ける日本人。英語を学問とし、多くの研究者たちが研究を続けていても、未だに話すことが苦手な日本の英語教育の実情。そんな英語地獄に陥っている日本に大きな改革の時がやってきました。EELSです。EELSなら、ネイティブスピーカーが無意識に使っているネイティブ英文法を英語圏的発想と感覚で捉えることができるようになります。

<2> Easy English Learning System (EELS)

　EELSは、日本人が取り入れることに気がつかなかった、英語圏的発想と感覚を身につけるためのネイティブ英文法簡単解釈法です。日本人が侵してしまったボタンの掛け違いを正し、いままで信じてきた英文法をくつがえす画期的な解釈法ＥＥＬＳを習得すると、英語をもっともっと楽に効果的に学習できるようになります。

まず、EELSに入る前に、次の約束を守ってください。

① いままで勉強した英文法を忘れること。
② 英語を感覚で掴む訓練が必要なため、理屈っぽくならないこと。
③ どうして？と思わないこと。英語圏の人はこう考えるのだとすべて受け止めること。
④ 文法という形で英語を捉えるのではなく、何がいいたいのかという意味から捉えること。
⑤ 例文が必要なときは、自分で作らずに、辞書の例文を引用すること。

⑥ 辞書や参考書などの英語に日本語訳がある場合、日本語の表現に惑わされないで、日本語訳は意味を把握するものとして利用すること。

＜3＞ 英語の成り立ち

　言葉はどのようにして生まれたのでしょうか？　昔、私たちが猿だったころは、言葉はありませんでした。四足歩行から二足歩行になり、直立して歩くことにより、脳に刺激が加わり、そのおかげで脳は目覚しい発達を遂げることになりました。また、二足歩行によって、両手を使えるようになり、それが脳の発達を促し、また物を作り出すことにつながっていきました。生活が向上し、何かを伝えたいという気持ちが起きてきて、それが言葉を発することとなったのです。言葉は伝達という役目を持って生まれてきました。何を伝えたいのか、その時代の人々の生活環境がどうだったのか、当時、人々はどのような価値観を持っていたのか、ということがその言葉からわかります。

　英語圏の人たちの先祖は狩猟民族と言われています。狩猟民族とは、動物だけでなく木の実なども含めて、生産するのではなく、あるものを取って食べるという原始的な生活体系を持った民族を指しています。デストロイの脳を持っているということができます。人々の生活は遊牧民のように獲物などがなくなると、資源の豊かな新天地を求めて移動していました。そのうちに人々は、脳の発達により、生産することに気がついて、農耕民族が生まれてきました。プロデュースの脳です。どの時点でその国民が生まれたかによって、言葉にも大きな影響を与えることになりました。

　英語はもともと、ゲルマン民族の話す言葉にラテンの言葉などが合わさって生まれました。その当時の人たちの価値観がどのようなものであったのかを知ることにより、今の英語圏の人たちの価値観を知ることができます。もちろん、これは日本語にも言えることです。その違いは狩猟民族と農耕民族という違いを考えるとおおよその見当をつけることができます。

　それでは、狩猟民族はどのような生活をしていたのでしょうか？ウッホ、ウッホと言っていた言葉のない時期を通り、言葉が生まれた最初の

きっかけは何だったのでしょうか？　どうしても言いたいことがあって、それが言葉となって出てきたと想像ができます。人は言いたいことを最初に言うものです。「何を言いたいのか？」　それが英語の語順を作っています。

　英語は主語＋動詞の順番になっていますが、「何が何なのか！」と言うことにより、動物を逃がさずに捕まえることができます。単刀直入に、まず「何が何なのか！」と相手に伝え、それから必要に応じて説明を加えていきます。これが英語の基本的な語順になったのです。

　日本は、農耕民族の時代に生まれた民族です。主語と述語の間に目的語などの説明が入ります。また主語は省略される場合が多いです。それは、農作業を家族や近所の人たちと一緒に行なうことが多く、お互いに何をやっているのか、誰に何のことを話しているのかを把握することができるためです。聞き手に結論を予測させることができるように、説明を最初に言って、それから結論を言うということが、集団生活でいざこざを最小限に留めるための賢い方法だったのです。

　英語圏の人たちから見ると、日本人は結論をはっきり言わないで理屈ばかり言う国民だと思われがちですが、それはこういった国民性の違い、価値観の違いからくるものなのです。反対に、日本人にとってみると、英語圏の人たちは強引で相手のことを考えない言動が多いと思いがちですが、それも国民性の違い、価値観の違いから来るものなのです。

　このように、私たち日本人が、価値観が異なる英語圏の人たちの話す英語を話す場合、日本的発想で英語を話すのではなく、英語圏的発想で、英語圏の人たちと同じ感覚で英語を話す必要があります。それにはまず、英語圏の人たちの発想、感覚を身につけることが必要です。
　EELSでしっかり英語圏的発想と感覚を身につけましょう！

狩猟民族的発想
① 獲物を見つけたらすぐに、「豚がいる！」　何が何なのかをすぐに伝えないと、豚を取る前に逃げてしまいます。
② 一つなのか、いくつなのか、英語では数が大事なのは、捕まえる獲物が１頭なのか１００頭なのかによって、狩の準

備があるからです。「あ〜、１頭だと思ったら１００頭もいる〜、つぶされる〜・・・」
③ 数えるときは必ず左側から数えます。右から何番目とは言いません。英語圏の人たちはいつも左側から数えます。それは、狩のときや戦いのとき、敵は３番目って言ったら、どっちから数えてかな？　なんて考えているうちに、自分が殺されてしまうからです。

農耕民族的発想
① 畑を耕し、種を植えて、それから芽が出て、花が咲き、最後に実がなります。だから、説明さえすれば、結論は後でも、何ができるかわかるので、日本語の語順はそうなっているのです。
② 「わたし、りんごを１つ買ったのよ。」とは言いませんね。農耕民族にとって、豊作か不作かが問題なので、あまり数にはこだわらないのです。お米がひとつ、ふたつって数えていたら、１年たっても数え切れません。
③ 農耕民族は「私が右から５番目を耕すから、あなたは左から２番目を耕してね。」というように数えるときにはいろいろな方向から数えます。それは、能率よく田植えをしたり、刈り取ったりするためです。

＜４＞ 文型

　英語の文型は一つです。それは「何が」「何なのか」、主語＋動詞です。文型は５つあると日本では教えていますが、それは文型ではなく、動詞により、その後に必要なものが異なるということで分けられたものです。文を作るとき、この５つの文型を考えて作るように指導されていますが、それはまったくの間違いで、あくまでも「何が何のか」と作った後に、必要なものをつけていけばいいのです。

　とりあえず、日本で教えている５文型を説明しますが、文型としてみるのではなく、動詞の後にその意味によって必要な単語が着いていて、その動詞と必要な単語の違いから５つに分けられているという感覚でみてください。

I、第1文型　S＋V　（SはSubjectで主語、VはVerbで動詞）

　　　動詞は自動詞と他動詞に分けることができます。他動詞は目的語を必要とする動詞で、自動詞は目的語を必要としません。自動詞を使う文は第1文型と言われています。自動詞の後は前置詞を伴った修飾する言葉が来ることがよくありますが、修飾する言葉は文型には含めません。前置詞が動詞の後に来ているかどうかで第1文型かどうかを判断することもできます。

　　　＜例＞
　　　I move.
　　　I live.
　　　I come.
　　　I jump.
　　　I run.
　　　I walk.
　　　I sleep.
　　　I swim.
　　　I go <u>to the park</u>.　──→　＊前置詞以下は言いたいことをより詳しくするために動詞を修飾している。

　　　I listen <u>him</u>.

自動詞(Intransitive verb)になる動詞

apologize, add, insist, explain, reply, wait, search, account, live, come, jump, run, walk, sleep, swim, go, listen, start, rise

　（注）　自動詞には他動詞の意味もある動詞が多いので、必ず辞書で確認すること！

2、第2文型　S＋V＋C　（CはComplementで 補語）

　　　＜例＞
　　　<u>I</u>　<u>am</u>　　<u>a　student</u>
　　　S　 V　　　　C
　　　　↓
　　　このVが、SとCをイコールで結ぶ役目になる。　　　私＝生徒

I am happy.
I became a doctor.
I am studying English.
I am loved by Tom.

第2文型になる動詞

be, fall, become, get, grow, turn, go, come, run, make, prove, look, appear, seem, taste, smell, sound, feel, keep, stand, stay, remain

3、第3文型 S＋V＋O （OはObject で目的語）

<例>

I want a banana.
S V O(〜を)

「私は 欲しいのよ」 と言うと、「〜を？」と聞きたくなります。
よって、wantの後にその「〜を」にあたる言葉である
a bananaを言います。これがwantの目的語です。
wantのように目的語を必要とする動詞を他動詞といいます。

I like	「私は好きです」「何を？」	→	I like apples.
I have	「私は持っています。」「何を？」	→	I have a pen.
I eat	「私は食べます。」「何を？」	→	I eat a peach.
I buy	「私は買います。」「何を？」	→	I buy a book.

他動詞(Transitive verb)になる動詞

attend, mention, enter, leave, reach, resemble, marry, discuss, tell, eat, seat, ask, lay, raise, get, bring, choose, drive, know, throw, take, wear

（注） 他動詞には自動詞の意味もある動詞が多いので、必ず辞書で確認すること！

4、第4文型 S+V+O+O (最初のOは間接的目的語〜に、最後のOは直接目的語〜を)

第四文型になる動詞はその意味により2つの目的語をとります。この動詞によって「〜に〜を〜する」という表現になります。また、第四文型は、第三文型に書き換えることができます。

<例>
I give him a book. → I give a book to him.
S V O〜に O〜を   S V   O   修飾する言葉

I buy him a book. → I buy a book for him.
S V O〜に O〜を   S V   O   修飾する言葉

toとfor

toとforは、動詞の意味によって決まります。**give**はあげるという意味ですので、そのあげる相手（方向）が必要です。よって、方向を表す**to**を使って、そのあげる相手（方向）を表します。**buy**はただ買うという行為で、それで終わります。よって、その買うという行為は誰のため（何のため）なのかを表す**for**を使います。前置詞は何か何なのかという動詞に合わせて選ばなくてはいけません。

第4文型 →　　　　　　　　第3文型

He sent Mary a red bag.　　　He sent a red bag to Mary.
Tom showed her a letter.　　 Tom showed a letter to her.
I will lend you my notebook.　I will lend my notebook to you.
Mr. Suzuki teaches us English.　Mr. Suzuki teaches English to us.
He told his son a story.　　　He told a story to his son.
I took him a cup of coffee.　 I took a cup of coffee to him.
My sister made me a doll.　　My sister made a doll for me.
I found him a job.　　　　　　I found a job for him.
Please get me a ticket.　　　Please get a ticket for me.

第4文型になる動詞

ask, give, show, teach, bring, buy, cause, choose, do, get, leave, lend, make, offer, pay, read, sell, send, sing, write, find, promise

5、第5文型　S＋V＋O＋C　（OをCと．．．．．。O＝Cとなる）

＜例＞

I call him Tom.　　　私は彼をトムと呼ぶ。
S V 　O ＝ C
　　　　彼 ＝ トム

I make him happy.　　私は彼を幸せにする。
S V 　O ＝ C
　　　　彼＝幸せ

第5文型になる動詞

keep, leave, find, make, elect, appoint, call, name, think, consider, believe, suppose, paint, cut, push, throw, dye, boil, like, set, cause, get, have, let, make, see, hear, feel, watch

文型まとめ

文型は基本的には、S＋Vのみです。何が何だ！です。そして、動詞の意味によって、その後に必要な単語がつき、結果的に第何文型となります。よって、動詞を見れば第何文型かわかるということです。文型に合わせて文を作るのではなく、言いたい事を並べて文を作ってから文型をみましょう。また、自動詞、他動詞の両方の意味を持つ動詞が多いので、必ず辞書で確認するようにしてください。

<5> 動詞

　英語は「何が」「何なのか」というＳ＋Ｖが基本になっているということを学習しました。ということは、動詞が大切だということに気がついたのではないでしょうか？　そうなのです。英語は、動詞がとても重要です。動詞を使いこなすことができるようになったら、英語をほとんど征服したことになります。では、その肝心な動詞について勉強していきましょう。

動詞は３つ

　　be動詞・・・・・・　主語の状態を表す
　　have動詞・・・・・　主語の持ち物（状況、環境、経験）を表す
　　一般動詞・・・・・　主語の動作を表す

動詞には３種類あります。be動詞、have動詞、一般動詞です。これは、まず主語がどんな状態なのか、主語はどんなものを持っているのか、主語は何をするのか、という英語圏の人たちの一番いいたいこと、重要視していること、すなわち価値観を表しています。

be動詞

　ｂｅ動詞は主語の状態を表します。主語がどういう状態なのかを言いたいときには、主語の後にｂｅ動詞をつけます。そして、そのｂｅの後に、その状態を表す言葉をつけます。これで文が完成です。

　　<例>

I　am	happy.	
私は　です。	どんな状態？　幸せという状態　だから　→	私は幸せです。
I　am	a　student.	
私は　です。	どんな状態？　生徒という状態　だから　→	私は生徒です。
I　am	sick.	
私は　です。	どんな状態？　病気という状態　だから　→	私は病気です。

have動詞

主語がどういう状況・環境・経験を持っているのかを言いたいときには、主語の後にhave動詞をつけます。そして、そのhave動詞の後に、その状況・環境・経験を表す言葉をつけます。これで文が完成です。経験の場合、通常の英文法書では「現在完了」として教えられているために、現在完了のところで学習します。

<例>

I have	a headache.
私は 持っている。	どんな状況？ 頭痛という状況 だから
	→私は頭痛を持っている。 →私は頭が痛いです。
I have	a dog.
私は 持っている。	どんな環境？ 犬がいるという環境 だから
	→私は犬を持っている。 →私は犬を飼っています。
I have	blue eyes.
私は 持っている。	どんな状況？ 青い目がある状況 だから
	→私は青い目を持っている。→私は青い目をしています。

一般動詞

主語が行なった動作をいいときには、主語の後にその動作を表す一般動詞をつけます。そして、その後に、その動詞に必要な言葉、動詞だけでは、言いたい事が表現できない場合は、それを補う言葉あるいは修飾する言葉を付け足します。

<例>

I eat	a banana.
私は 食べるよ。	何を？ バナナを だから → 私はバナナを食べます。
I buy	a book.
私は 買うよ。	何を？ 本を だから → 私は本を買います。
I want	a pen.
私は 欲しいよ。	何を？ ペンを だから → 私はペンが欲しいです。

動詞まとめ

　英文を作るとき、主語＋動詞が大切であることを学びました。そして、その動詞には３種類あり、言いたいことにより、be 動詞、have 動詞、一般動詞の中から動詞を選んでください。そして、その後に、言いたいことに合わせて、その動詞に必要な言葉をつけていきます。それにより、言いたいことをきちんと相手に伝えることができます。

＊　重要ポイント１　＊

　英文の基本は「何か」「何なのか」そして、「何なのか」には、be 動詞、have 動詞、一般動詞があり、伝えたいことにより動詞を選んでください。英文を読むときには、左側から順番に読みましょう。単語の持っている意味を感覚的に左側から順番に掴んでいくことが大切です。英語圏の人たちは英語を話すとき右脳を使います。聞き手は話し手の言っている英文を順番にビジュアライズしていき、最後にその絵が完成し、相手の言いたいことを把握すると、その概要が見えるという意味で「I see !」となるのです。

＜６＞　時制

　　　　動詞が英文を作るのにとても重要であることがわかりました。次にその動詞が持っている重要な役割、時制について学びましょう。
　英語は時制がたくさんあるように教えられています。過去形、現在形、未来形、過去進行形、現在進行形、未来進行形、過去完了形、現在完了形、未来完了形、過去完了進行形、現在完了進行形、未来完了進行形などです。でも、本当にそんなにたくさん時制があるのでしょうか？　実は英語も日本語と同じに時制は過去形と現在形だけです。ただ、その過去形と現在形の受け取り方が英語圏の人たちと日本人とでは異なっています。その感覚の違いをしっかり理解することにより、英語をより英語圏的に理解し、使うことができるようになります。

　　　英語に未来形がないのなら、willは何なの？　ということになりますが、実はwillは現在形です。そしてwillの過去形がwouldです。もしwillが未来形で、過去形がwouldならば、現在形はどこにあるのでしょうか？？？　現在形がなければ、過去形も未来形もできるわけがないということですね。willは現在形で、それが意志を表す未来シグナルとして

使われているのです。

　主語の後にwillを言うことで、主語に意志があるよと言っているのです。どんな意志？　ということで、それを表すのが、次に来る動詞です。この動詞は意味だけが必要なので、時制の入っていない原形がきます。

I　　will　　　　　　go　　　　to　the park.
私は　意志があるよ　どんな意志？　行くという意志　どこへ？　その公園へ
→　私は公園に行くでしょう。

　こんな感じです。そして、「意志があるから、未来にするよ」ということで、未来にすることを表すことになります。それを英文法書では未来形と呼ぶようになったというわけです。本当は、時制は現在形で、未来にすることを言っていると説明するほうが正しいのです。これは、日本語でも同じです。

　　　　私は　　　　　　りんごを　　<u>食べます。</u>
　　　　私は　　明日　　りんごを　　<u>食べます。</u>

　今のことを言うのでも、明日のことを言うのでも、述語（動詞）の時制は現在形になっています。日本語は未来のことを言うとき、述語は現在形のままで、その文に未来を表す言葉（例えば　明日、来年、10年後など）を一緒に使います。これも、未来に行なうことを現在の時点で話しているからです。英語の場合も日本語と同じであると考えることができます。
　ただし、未来に対しては日本人も英語圏の人たちも同じような感覚を持っていますが、現在と過去に対しては少し異なります。

<u>日本人的時制感覚</u>
　日本人は農耕民族です。畑を耕し、種を蒔いて、芽が出てきて、花が咲いて、実がなるまでに時間がかかります。日本人は実がなったときにでさえも、種を蒔いたときを過去とは考えません。種を蒔いたから実がなったわけですから、数ヶ月前のことであったとしても、実がなった現在とつながっていると考えるのです。ですから、日本人にとって過去というのは、ずっとずっと昔のことのように感じますし、現在という概念

の幅は物事により幅があります。

英語圏的時制感覚

　英語圏の人たちは狩猟民族です。よって、獲物を今獲らないとすぐに逃げてしまい、次にいつ獲ることができるかわからないため、現在をとても大切にします。現在はいつも動いています。今はいつも今ではなく、1秒前はすでに過去となります。英語圏の人たちはいつも自分たちが現在にいるという感覚でいます。その感覚が英語圏的発想の基本となっています。

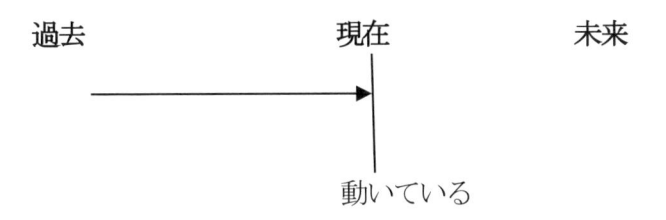

```
過去              現在              未来
─────────────────→│
                  動いている
```

　現在は未来に向かっていつも動いています。そして、英語圏の人たちはその動いている現在にいつもいるという感覚を持って生活をしています。この感覚が英語圏の人たちの基本となっていますので、英語を話したり聞いたりするときには、その感覚を意識するようにしましょう。と言っているそばから過去になっています。と言っているそばから過去になっています。・・・・・・・・ということです。現在は動いていて、どんどん過去になっていっています。今のことでも、すぐに過去になっていきます。今、考えたこと、口に出したことでさえも、すぐに過去になっていきます。ですから、現在のことを言う時でも、英語圏の人たちは過去形で表したりするのです。

　ある朝、こんな会話があるホームステ先で行われました。

　ホストマザー：　What did you want to eat for dinner tonight?
　日本人の生徒：？？？？？（えっ、今晩、何食べたいと思った？　何それ、今晩ってこれからのことなのに、過ぎてしまったという過去形で聞かれちゃった、どう答えたらいいんだろう？？？？）

実は英語圏ではこのように、現在のことでも過去形で聞かれたりすることがよくあります。それは、心で思ってから（考えてから）口に出すときには、その思ったこと（考えたこと）がすでに過去になっているためです。日本の若い人たちの日本語もこのような傾向が出てきていますよ。あるレストランでの会話です。

　ウエイトレスがお客様を席に案内しました。
　ウエイトレス：　このお席でよろしかったでしょうか？
　お客様：　？？？（この席でよろしいでしょうか？じゃないのかしら？）

be 動詞

過去	現在	未来
was	is am	will be
were	are	

　＊未来形はないのですが、便宜上、未来を表す言葉として、**will**を未来のところに書くことにします。**be**動詞は主語の状態を表します。よって、**will be**は、「～の状態になる意志があるよ。」ということを表していることになります。そういう状態になる意志があるということは、未来にそれが起こるということなので、結果的に未来を表すことになるのです。また日本では、will＝ be going to と勉強しますが、実際の意味は異なります。これは進行分詞の項目で取り上げます。

have 動詞・一般動詞

　<例>

過去	現在	未来
had	have	will have
played	play	will play
ate	eat	will eat

*　重要ポイント　2　*

　一般動詞には、規則動詞と不規則動詞があります。規則動詞は動詞の現在形にedあるいはdをつけて、過去形を表します。不規則動詞は過去形が現在形とは形を異にするものです。不規則動詞を見ると、生活に必要な基本的な動詞がほとんどです。そのことにより、不規則動詞のほうが、規則動詞よりも前に生まれたということがわかります。文明が発達するにつれ、それに合わせて言葉も増えていきました。その結果、新しい動詞に対する過去形まで、新しく作り出すことが追いつかなくなり、賢い人々が現在形から規則的に過去形を作ることを考えたのではないかと想像することができます。

＜7＞　進行分詞

　　現在進行形と言われている文型があります。　be＋動詞の原形ingという形です。でも実際は、be動詞を使った現在形の形なのです。動詞の原形ingは動詞の持っている意味が進行していることを表しています。ingが進行を表しているのです。この動詞の原形にingがついたものを「進行分詞」とすると、下記のように英語圏的発想をとてもよく理解することができます。

＜例＞

I	am	happy.
私は	です。	幸せという状態　→　私は幸せです。
I	am	a student.
私は	です。	生徒という状態　→　私は生徒です。
I	am	studying　English.
私は	です。	勉強している状態　英語を　→私は英語を勉強しているところです。
I	am	eating　cake.
私は	です。	食べている状態　ケーキを　→　私はケーキを食べているところです。
I	am	playing　tennis.
私は	です。	プレイしている状態　テニスを　→　私はテニスをしているところです。

★　will ＝ be going to　と言われ、両方とも未来形として通常の文法書では言われていますが、実は両方とも未来形ではありません。

```
I      will           study    English.
私は   意志があるよ   勉強するという  英語を  →  私は英語を勉強するでしょう。
I      am   going              to      study    English.
私は   状態です  気持ちが進行している   方向へ  勉強するという  英語を
                                     →  私は英語を勉強する予定（つもり）です。
```

goingは、行動だけでなく、気持ちも表します。気持ちがgoingしているということで、確実に行なわれることを前提にすでに準備を始めている状態の時にこの言い方を使います。同じようにcomingも気持ちがcomingしているときにも使われます。

I'm coming.（「ごはんよ」と言われて、これから行くときにも使う。）

★現在分詞、動名詞と動詞の原形ingは分けられていますが、両方とも進行分詞として解釈すると簡単に理解することができます。

```
Look       at      the girl    standing    under     the tree.
見なさい   ポイント  その少女を  立っている   ～の下に   その木
                                    →  その木の下に立っている少女を見なさい。
```

<8> 受動分詞

　日本では受動態をbe動詞＋動詞の過去分詞とし、受け身を表す文型として教えています。でも実際は、動詞の過去分詞に受け身の意味があり、文型に受け身の意味があるわけではありません。文型はあくまでもbe動詞を使った現在形の文です。よって、動詞の過去分詞を「受動分詞」とすると、下記のように英語圏的発想をとてもよく理解することができます。

<例>
```
I     am  │ a student.
私は  です │ 生徒という状態       →  私は生徒です。
I     am  │ studying          English.
私は  です │ 勉強しているという状態  英語を→ 私は英語を勉強しているところです。
```

I	am	loved	by Tom.
私は	です。	愛された状態	トムに → 私はトムに愛されています。
I	am	scared	of you.
私は	です。	怖がらせられた状態	その出所は？ あなた → 私はあなたが怖いです。
It	is	covered	with snow.
それは	です。	おおわされた状態	（付属）雪 → それは雪でおおわれています。
I	am	interested	in music.
私は	です。	興味を持たさせられた状態	(の中に)音楽 → 私は音楽に興味があります。

＊ 重要ポイント 3 ＊

　受動態にはbyがつき、それ以外の前置詞がつくのは例外として教えられています。受動態にbyがつくのは、受け身の状況が誰あるいは何によって起きたのかということを表すための「～によって」を表す言葉だからです。しかし、動詞によっては、その行為に「～よって」が必要なのではなく、別の言葉、of（その行為の出所）、with（その行為がどれに付属して行なわれたのか）、in（どういう状況、場所の中で行なわれたのか）などが必要なものもあります。形で暗記するのではなく、動詞の持っている意味を感覚的に掴み、その動詞が必要な前置詞は何かということを意味上で理解するようにいたしましょう。

＜9＞ 現在完了形

　　　　現在完了形には3つの意味があると言われています。完了・結果、継続、経験です。でも、実際はhave動詞の文にすぎません。付属でつく副詞によって、異なった状況をより詳しく表しているのです。

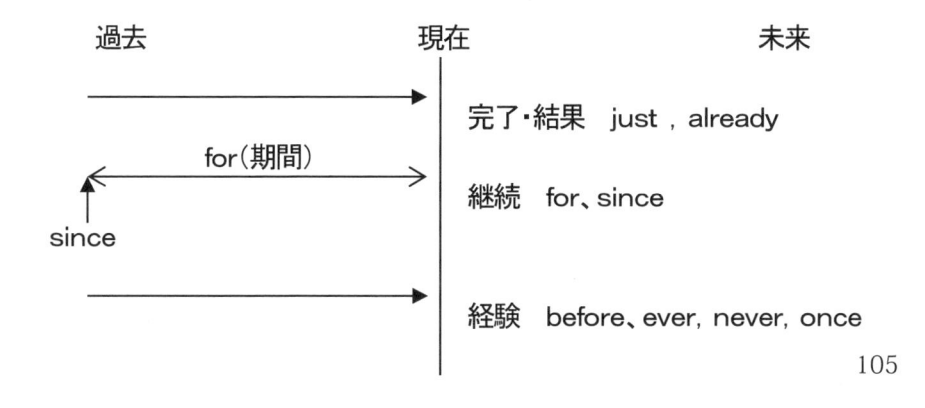

```
過去                  現在                    未来
─────────────────────▶
                      完了・結果  just , already
      for（期間）
◀───────────────────▶
↑                     継続     for、since
since
─────────────────────▶
                      経験     before、ever, never, once
```

完了・結果

I have	**just** finished my homework.
私は 持っている	ちょうど 宿題が終わったという経験
	→ 私はちょうど宿題が終わったところです。
I have	**already** finished my homework.
私は 持っている	すでに 宿題を終わったという経験
	→ 私はすでに宿題を終わっています。

継続

I have	stayed here **for** one year.
私は 持っている	1年の間 ここに滞在したという経験
	→ 私は1年間 ここに滞在しています。
I have	stayed here **since** 1998.
私は 持っている	1998年以来 ここ滞在したという経験
	→ 私は1998年からここに滞在しています。

経験

I have	been there **once**.
私は 持っている	一度 そこに居たという経験
	→ 私は一度 そこに行ったことがあります。
I have	**never** been there.
私は 持っている	そこに居たということが**決してない**経験
	→ 私は一度もそこに行ったことがありません。

　haveの後に受動分詞が来るのは、状況・環境は運命によって与えられるという価値観からです。どんな状況・環境も自分では作ることができない、それは神や自然によって作られるのであるという信仰心が根底にあるということです。英語圏の人たちが、電車が時間通りに来なくて遅刻したり、具合が悪くて急に会社を休んだりしても謝らない場合が多いのは、自分の意志によって起こしたことでないことに対して、このように考えているからなのです。また、「こう状態になってこんなことをさせられたんだ」という表現で自分の経験を表すという価値観を持っているとも考えることができます。

　完了形の3つの用法をいつも考えていると難しくて使いこなすことができません。形を考えるのではなく、どういう状況を持っているのか？ということを中心に考え、その状況を受動分詞にして、haveの後につけるといいでしょう。そして、

より詳しくするために、副詞をうまく使ってください。形からではなく、あくまでも、意味から文を作って行きましょう！

① 私は持っている　**I have**　どんな状況・環境？
② 勉強させられたという環境、状況を持っているの　**I have studyed**
③ （何を？）　英語を　　　　　　　　　　**I have studyed English.**

★この文に、言いたいことによって、just, already, for, since, once, before などの副詞をつけてみてください。つける副詞によって意味が異なります。要するに、形で覚えるのではなく、意味から、使う単語を選ぶことが大切なのです。

I have	**just**	studyed English.
I have	**already**	studyed English.
I have		studyed English **for** 10 years.
I have		studyed English **since** 2000.
I have		studyed English **once**.
I have		studyed English **before**.

どうですか？　I have studyed English　という全く同じ文を使って副詞だけ変えただけで、意味の違う文になりましたね。言いたいことを言うのに、文型は関係ありません。基本的な「何が何なのか」をきちんと押さえ、そしてその後に言いたいことを付け足していく・・・　これが、英語圏的発想の基本です。

　単語にはもともと持っている本来の意味（オリジンの意味）があります。そのオリジンの意味を感覚で掴み、必要に応じて使う・・・英語圏の人たちはこうして英語を話しているのです。英語圏の２，３歳の子どもでも話せる英語・・・日本人は頭のよい国民ですので、いくら勉強しても話せないことのほうがおかしいのです。英語圏的感覚を身につけることなく、英文法を形で勉強させられてしまった悲劇が、ここにあります。

＊　重要ポイント　４　＊

　実は英語には、現在完了形なんてありません。進行形だって、受動態だって、本当はそんなものはなくて、単語の意味を感覚で掴み、「何が何なのか」の後に言いたいことに従って必要な単語を付けて英会話をしているだけなのです。英語の文型は「何が何なのか」のひとつだけ、五文型だってないのです。だから、2,3歳の子どもだって英語を話すことができるのです。私たち日本人に必要なのは「何が何なのか」という文型と単語の持っているオリジンの意味を感覚的に掴むことです。

<１０>　前置詞

　　　　前置詞のオリジンの意味はそれぞれに一つです。それが、辞書を引くとどうして、たくさんの用法としてでているのでしょうか？

　　　人々の生活が複雑になるにつれて、人々が表現したいことも複雑になってきました。そのために、いろいろな動詞と組み合わせて、いろいろな表現が生まれたのです。そうであっても、前置詞の持っている意味は変わることはありませんでした。動詞のオリジンの意味と前置詞のオリジンの意味が感覚的に合わさり、伝えたいことを的確に伝えるようになったのです。

　　　日本では、それを慣用句や熟語として暗記しなければならないものという間違えた認識により、英語を複雑なものにしてしまいました。英語圏の人たちが自分の感覚で使っている英語には人それぞれ微妙な表現の違いがあります。その広がりすぎている表現方法をすべて把握することは不可能に近く、結局は英語を話すことができずに、いまだに模索を続けているのです。

　　　Ameaではマクマホン洋子校長の長年の経験と研究の結果、そのことがどれだけ無駄な努力であり、不必要なものかということを見つけました。表現として言葉に出てきたものをすべて暗記することは不可能であり、英語圏の人たちでさえ、そのような学習はしていません。基本になっている単語のオリジンの意味を感覚で掴み、それを必要に応じて組み合わせていく作業ができれば、英語圏の人たちと同じ発想で、同じ感覚

で英語を話すことができるのです。

　前置詞のオリジンの意味が分かるととても便利です。動詞と組み合わせて、慣用句や熟語を暗記しなくても、自分の言いたい事を表現することができるようになるからです。なかなか感覚的に掴むことは難しいと思いますが、がんばってみましょう。また、辞書から例文を取り出し、自分自身で分析することをお勧めいたします。そのためにも、まずは下記の例文から、オリジンの意味を感覚で掴む訓練をいたしましょう。分析するときには、決して「どうして？」と思わないこと。「英語圏の人たちはこう発想するのだ」とそのままを受け入れてください。また、辞書に出ている日本語は言いたいことを把握するための手段としてください。それでは、分析スタート！

<u>to</u>　方向を表す　　⇒　これは不定詞のところでも説明する。

It　　is　　　　nothing　　　　to　　me.
それは　(状態)です　何(でも)もない　(方向)　私
　　　　　　　　　　→　それは私にとってはなんでもない。

We　　eat　　　to　　　live.
私たちは　食べる　(方向は)　生きる　→　私たちは生きるために食べる。

I　　am　　sorry　　　to　　hear　　that.
私は　(状態)です　残念　(方向は)　聞く　それを
　　　　　　　　　　→　私はそれを聞いて残念(悲しい)です。

<u>in</u>　〜の中に

I　　have　　found　　　　　　a friend　in Tom.
私は　持っている　見出した(という状況を)　一人の友達　トムの中に
　　　　　　　　　　→私はトムという友だちを見いだした。

He　went out　in the rain.
彼は　行った 外へ　雨の中に　→彼は雨の中を出て行った。

I　　haven't　seen　　　　　　him in years.
私は　持っていない　見た(という状況を)　彼を　数年もの間
　　　　　　　　　　→私は彼に何年もの間会っていない。

at ポイント

Look at　　　 the moon.
見ろ ポイント その月　　　→ 月を見なさい。

He　threw a stone at　　a dog.
彼は 投げた 一つの石 ポイント 一匹の犬 → 彼は犬に石を投げつけた。

I　was surprised　　　at　　　the news.
私は です 驚いた（という状態） ポイント そのニュース
　　　　　　　　　　　　　　　→ 私はそのニュースを聞いて驚いた。

on ～に接する

Have　　you　got any money on(=with)　　you?
持ってますか あなたは 得た（という状況）いくつかのお金 接する（付属）あなた
　　　　　　　　　　　　　　　　　　　→ お金をお持ちですか？

They are　on　　 strike.
彼らは です ～に接する ストライキ → 彼らはストライキ中です。

I　heard it　　 on　　the radio.
私は 聞いた それを ～に接する そのラジオ → 私はラジオで聞いた。

from 起点を表す

Count　 from one to　ten.
数えなさい 起点 1 方向 10 → 1から10まで数えなさい。

We　　keep　good wine from five dollars a bottle.
私たちは 備えてます よい ワイン 起点 5ドル 一本
　　　　　→ 当店は1びん5ドルからの良酒をそろえております。

Can　　you　tell　an Australian　　from　a English?
可能ですか あなたは 告げる 一人のオーストラリア人 起点 一人のイギリス人
　　→あなたはオーストラリア人とイギリス人を見分けることができますか？

with 付属を表す

Are you with me or against me?
状態ですか あなたは 一緒（付属） 私に あるいは 対立して 私に
　　　　　　　　　　　　　　　　　　　→ 君は私に賛成か、反対か？

I agree with you.
私は 賛成です 一緒（付属） あなたに　　→ 私は君と同意見だ。

What is the matter with you?
何 状態です その問題 一緒（付属） あなたに→ どうかしたのですか？

for S＋Vがこのfor以下にフォーカスして行なわれる

We will stop the work for the day.
私たちは 意志があります 止まる その仕事 フォーカス その日
　　　　　　　　　　　　→ 今日はこれで仕事をやめよう。

He is young for his age.
彼は 状態です 若い フォーカス 彼の年齢 → 彼は年の割には若い。

Here is some money for you to spend.
ここに 状態です いくつかの お金 フォーカス あなた 方向 使う
　　　　　　　　　　→ここにあなたが使っていいお金がある。

of ofの前の言葉の出所を表す

It is kind of you to do so.
それは 状態です 親切 出処 あなた 方向 する そう
　　　　　　　　　　　　　　→君がそうしたことは親切だ。

He is a friend of mine.
彼は 状態です 一人の 友達 出処 私のもの → 彼は私の友達のひとりです。

He made a teacher of his son.
彼は 作りました 一人の 先生 出処 彼の 息子
　　　　　　　　　　　　　　→ 彼は彼の息子を教師にした。

by S＋Vの行為がby以下に影響されて行なわれる

America was discovered by Columbus.
アメリカ 状態でした 発見された ～によって コロンブス
　　　　　　　　　　　　→ アメリカはコロンブスによって発見された。

I have to finish this jop by the evening.
私は 持っている 方向 終わる この 仕事 ～まで その 夕方
　　　　　　　→私は夕方までにはこの仕事を終わらせなければならない。

She is standing by the window.
彼女は 状態です 立っている ～のそばに その 窓
　　　　　　　　　　　　　　　→ 彼女は窓のそばに立っている。

＜１１＞　不定詞

　　不定詞は「to＋動詞の原形」の形で使われ、「名詞的用法」、「形容詞的用法」、「副詞的用法」があるとされています。でも、実際は「S＋V」のＶ以外に動詞の持っている意味が必要な場合に、その動詞の持っている意味を表す動詞の原形を「to」で「これよ」と指して英語圏の人たちは使っているのです。ですから、その「to」は実は前置詞の「to」であり、特別な文法「不定詞」と教える必要はないのです。

名詞的用法

　　不定詞が「～すること」の意味で名詞の働きをする場合、不定詞の名詞的用法と言われていますが、これも「S＋V」のＶ以外に動詞の持っている意味を使いたい場合に「to」で「これよ」と動詞の原形を指して一緒に使っているだけなのです。

I want to swim.
私は 欲しい （それはこれよ） 泳ぐ
　　　　　　→　私は泳ぐことを欲する　→　私は泳ぎたい

形容詞的用法

　　不定詞が名詞を「～するための・・・」「～するような・・・」の意味で修飾する場合、不定詞の名詞的用法と言われていますが、これも

「S+V」のV以外に動詞の持っている意味を使いたい場合に「to」で「これよ」と動詞の原形を指して一緒に使っているだけです。

Please give me something to eat.
どうぞ 与えて 私に 何か　　（それはこれよ）　食べる
　　　　　　　　　→どうぞ私に食べるための何かを与えてください。

副詞的用法
　　不定詞が動詞・形容詞・副詞を修飾する場合、不定詞の副詞的用法と言われています。ただし、これも「S+V」のV以外に動詞の持っている意味を使いたい場合に「to」で「これよ」と動詞の原形を指して一緒に使っているだけです。

He will come to see you.
彼は　意志がある　来る（それはこれよ）会う　あなたに
　　　　　　　　　　　　　　→　彼はあなたに会いに来るでしょう。

<12> 助動詞

　　言葉が出来始めたときには、助動詞はありませんでした。人々の生活が複雑になり、動詞だけでは言いたいことがきちんと表現できなくなり、その動詞の意味をもっと詳しくするために、また微妙な気持ちや状況を表現するために、助動詞が生まれたのです。

　助動詞は字のごとく、動詞を助ける言葉です。助動詞で時制を表すことはできますが、あくまでも動詞を補助するという役目なので、動詞の意味までは補うことができません。よって、助動詞の後には、動詞の原形（時制は必要なく、意味のみが必要なため）がきます。

　　助動詞は「シグナル」と考えるととてもわかりやすいです。
willは「意志／未来」シグナル、shallは「権利／義務」シグナル、canは「可能」シグナル、mayは「許可」シグナル、mustは「断定」シグナルです。そして、would、should、could、mightは、それぞれ、will、shall、can、mayの過去形です。

will と would 「意志／未来」シグナル

You will be late if you don't hurry.
あなたは 意志がある 状態になる 遅れるという もし あなたは 急がないと
→ 急がないと、あなたは遅れるでしょう。

Will you pass me the salt？
意志がありますか？ あなたは 取る 私に 塩を
→ 塩をとっていただけませんか？

We will come again tomorrow.
私たちは 意志があるよ 来る また 明日→ 私たちは明日また来ましょう。

The engine would not start.
そのエンジンは 意志がなかったよ スタートする
→エンジンはどうしてもかかりませんでした。

Would you like something to drink？
意志がありましたか？ あなたは 好むという 何か 飲むためのもの
→ 何か飲み物はいかが？

I would like to visit Australia someday.
私は 意志があったよ 好むという 方向 訪れる オーストラリアを いつか
（でも、まだ行っていないので）→ 行ってみたい。

can と could 「可能」シグナル

That can't be true.
それは 可能ではない 状態になること 真実であるという
→ そんなことは本当であるはずがない。

I cannot read French.
私は 可能ではない 読む フランス語を →私はフランス語を読むことができない。

Can I use this dictionary？
可能ですか？ 私が 使うこと この 辞書を→ この辞書を使ってもいいですか？

Could you swim when you were five？
可能ですか？ あなたは 泳ぐ 時 あなたが 状態だった 5
→ 5歳のときに泳げましたか？

Could you help me a little？
可能でしたか？ あなたが 手伝う 私を 少し
（でもまだしてくれていないので）→ちょっと手伝っていただけますか？

You could use my bicycle.
あなたは 可能でした 使う 私の自転車を
　　　　(でもまだしていないので) → 使っていいですよ

shall と should「権利／義務」シグナル

Ask, and it shall be given you.
求めなさい そうすれば それは 権利／義務がある 状態 与えられた あなたに
→求めよ、されば与えられん

Shall we dance?
義務／権利がありますか？ 私たちが 行くという → ダンスをしませんか？

I shall go.
私は 義務／権利がある 行く → 私は（義務権利において）行きます。

You should eat more fish.
あなたは 権利／義務があった 食べる もっと魚を。
　　　(でもしていないので) → あなたはもっと魚を食べるべきだ。

You should not laugh at other's mistakes.
あなたは 義務権利はなかった 笑う ポイント 他人のまちがいを。
→ 他人のまちがいを笑うものではない。

I suggested that she should stay with me.
私は 提案した それは 彼女は 義務／権利 滞在する 一緒（付属） 私
→ 私は彼女が私のところに泊まることを提案した。

may と might「許可」シグナル

Tom may or may not come.
トムは 許可されている か 許可されていない 来る
→トムは来るかもしれないし来ないかもしれない。

He may well be right.
彼は 許可されてる よく 状態 正しい → たぶん彼の言うことは正しいだろう。

You may well say so.
あなたは 許可されている よく 言う そう→ あなたがそう言うのももっともだ。

We might not arrive at our hotel on time.
私たちは 許可されなかった 到着する ポイント 私たちの ホテルに 時間通り
→ 時間通りには着かないかもしれません。

He　　might　　be　　our　　new　　teacher.
彼は　許可された　状態　私たちの　新しい　先生
　　　　　　　　　　→　彼は私たちの新しい先生ではないだろうか。
I　　thought　he　might　　be　　　　a thief.
私は　思った　　彼は　許可された　状態である　泥棒
　　　　　　　　　　→　私は彼が泥棒かもしれないと思った。

must 「断定」シグナル

You　　must　　　come to　school　by 8:30.
あなたは　断定されている　来る　方向　学校　　8時30分までに
　　　　　　　→　あなたは8時30分までに登校しなければならない。
You　　must　　come to　the party.
あなたは　断定されている　来る　方向　そのパーティーに
　　　　　　　→　パーティーにぜひいらっしゃい。
Australia　　must　　　be　　　cold now.
オーストラリアは　断定されている　状態である　寒い　今
　　　　　　　→今頃オーストラリアは寒いにちがいない。

have to と had better

I　　have　　to　go now.
私は　持っている　方向　行く　今
　　　　　→私は今いかなければならないという状況環境を持っている。
　　　　　　　　　　　　→私は今いかなければならない。
You　　have　　　to　get up earlier.
あなたは　持っている　方向　起きる　もっと早くに
　　　　　→あなたは、もっと早く起きるという状況環境を持っている。
　　　　　　　　→　あなたは、もっと早く起きなければならない。
It　　has　　to　be　　true.
それは　持ってい　方向　状態である　真実
　　　　　　　→　それは真実であるという状態を持っている。
　　　　　　　　　　　　→　それは真実にちがいない。
We　　had　　better hurry.
私たちは　持っていた　よりよい　急ぐ

116

→　私たちは急ぐというよりよい状況環境を持っていた。
　　　　　　　　（でもまだしていなから）→　私たちは急いだほうがいい。

You　　　had　　　better　　not speak　to　　me like that.
あなたは　持っていた　よりよい　　話さない　方向　私に　そのようなこと
→　あなたはそのようなことを私に話さないというよりよい環境状況を持っていた。
　　　　　　　　　→　私に向かってそんな口のききかたをしないほうがいい。

＜１３＞　関係詞

　疑問詞として教えられているWhat, Who, Where, Why, When、How、Whichは、実はそれ自体には疑問の意味はなく、総合的に何かに関係している言葉を表しています。よって、疑問詞と呼ぶよりは、関係詞と呼ぶほうが正しいです。

　日本で教えられている関係詞は、２つの文の共通部分を関係づけて、２つの文を１つにする働きをし、関係代名詞と関係副詞があると説明されています。もちろん、関係詞の役割の中には、この関係代名詞と関係副詞の役割も含まれていますが、それはあくまでも、関係詞としての役割を利用しているだけに過ぎず、難しく仕分けする必要はありません。

what	何	物
who	誰	人
where	どこ	場所
why	なぜ	理由
when	いつ	時
how	どのように	程度・方法
which	どちら	物

＊□これらは、すべて何かに関係している。すなわち、**疑問詞ではなくて、関係詞と呼ぶ方がピッタリ**です。

　＜注＞**Whatd** と**Which**は両方とも、物に関係していますが、**What**は物が限定されていない場合、**Which**は物が限定されている場合に用います。

(例) レストランに行くことになりました。メニューが来る前には「何　食べたい？」
メニューが来ました。メニューを見ながら、「どれ（どちら）にする？」

疑問文に使われる場合

What do　you　　want　　for dinner？
何（物）する　あなたは　欲しい　ために　夕食　？→　夕食に何か欲しいですか？
Who painted these pictures？
誰（人）描いた　これらの　絵　？　→　誰がこれらの絵を描いたのですか？
Where　does she live now？
どこ（場所）する　彼女は　住む　今　？　→　彼女は今、どこに住んでいますか？
Why　　do　you　want　to　go there？
なぜ（理由）する　あなたは　欲する　方向　行く　そこに？
　　　　　　　　　　　　　　→　なぜ、あなたはそこに行きたいのですか？
When did　he　buy the book？
いつ（時）した　彼は　買う　その本を　？→　いつ、彼はその本を買ったのですか？
How　　　　did　he come　here？
どのように（程度・方法）　した　彼は　来る　ここに？
　　　　　　　　　　　　　　→　どうやって彼はここに来たのですか？
Which　is　　larger, the moon or Mars？
どちら（物）　状態です　より大きい　月　　か　火星　？
　　　　　　　　　　　　　→　月と火星ではどちらが大きいですか？

関係代名詞・関係副詞として使われる場合

Never put off till tomorrow **what** you　can　do　today.
決して　延ばすな　まで　明日　何（物）あなたが　可能　する　今日
　　　　　　→　あなたが今日できることを明日まで延ばすな。
I　met　an American girl **who**　spoke Japanese well
私は　会った　アメリカ人の　少女に　誰（人）　話した　日本語を　上手に
　　　→　私は日本語を上手に話すアメリカ人の少女に会いました。

This   is   the hospital **where**   I   was   born.
これは です その病院   どこ（場所） 私が 状態だった 生まれる
　　　　　　　　　　　　　　→ここが私が生まれた病院です。

There is   no reason **why** I should   pay   for   it.
ある状態 理由がない なぜ（理由）私は 義務／権利があった 払うために それ
　　　　　→ 私がそれを支払わなければならない理由はありません。

June is   the month **when** we   have a lot of   rain.
6月 状態です その月   いつ（時） 私たちは 持っている たくさんの 雨
　　　　　　　　　　　　　　→6月は雨が多い月です。

This   is   **how**   he   treated me.
これは 状態です どのように（程度・方法） 彼は 扱った 私を
　　　　　　　　　　→ こんなふうに彼は私を扱った。

This   is   the house **which**   Mr. Jones   lives in.
これは 状態です その家   どちら（物） ジョーンズ氏が 住んでいる
　　　　　　　　　→ これはジョーンズ氏が住んでいる家です。

感嘆文に使われる場合

How   beautiful this flower is !
どのくらい（程度・方法） 美しい   この花は   状態
　　　　→ この花はなんて美しいのだろう（美しさの程度を強調している）

What a beautiful flower this is !
何（物） 美しい花は   これ です
　　　　→ これはなんて美しい花なのでしょう（花そのものを協調している）

＜１４＞ 仮定法

　　仮定法といわれているものには、Ifを使うものを使わないものがありますが、Ifを使わないものはIfが省略されていると考えることができるため、仮定法はIfを使って表現する文型であると言えます。また仮定法は、仮定法現在、仮定法過去、仮定法過去完了などに分けられていて、それ以外にも、慣用表現やていねいな表現など、頭では理解できても、実際に使うことのできない複雑でややこしい決まりが作られています。しかし、実際はそのような決まりを考えな

くても、EELSを利用すれば、英語圏的発想で自由に使いこなすことができます。

- ◆ Ifは 仮定シグナル。
- ◆ 仮定に使われるwereは、be動詞が最初はareから始まったことの名残り。最近は主語にあわせてwasも使われるようになってきている。
- ◆ 仮定法を解釈するとき、いつも時制を考えること。自分たちはいつも現在にいて、その現在は未来に向かって動いている。そして、考えてから口に出すとそれはすでに過去になってしまう。過去と言っても、ずっと昔のことではなく、たった今のことであっても、口に出すときにすでに過去になっているため、英語圏の人たちは現在のことでも過去形で表すことを忘れないように。
- ◆ 時制には過去形と現在形しかなく、未来形と言われているものは、実際は現在形で、現在の時点でこれからのこと（未来）を話しているだけにすぎない。
- ◆ 仮定法過去が現在、仮定法過去完了が過去のことを表していると言われているが、そのように考える必要はなく、すべて左側から、その単語の時制を考えながら訳していくこと。英語圏の人たちはそのように考えて使っているわけではなく、言いたいことを順番につなげて表現しているだけである。

仮定法過去（現在のことに対する仮定）をEELSで解釈する

＊If   I   were(was)   rich,   I   would   buy   an island.
仮定する 私が 状態だったら お金持ち、私は 意志があった 買うという 島を
→ もし私がお金持ちだったなら、島を買ったのだが （心で思ってから言葉に出すので過去形になっているが本当は今のこと）
→ もし私がお金持ちなら、島を買うのだが （でもそうでないから買えない）

＊If   she   loved   me,   I   would   do anything for   her.
仮定する 彼女が 愛した 私を、 私は 意志があった する 何でも ために 彼女の

120

→ もし彼女が私を愛してくれたなら、私はどんなことでも彼女にしてあげたのに（心で思ってから言葉に出すので過去形になっているが本当は今のこと）
→ もし彼女が私を愛してくれるなら、私はどんなことでも彼女にしてあげるのに　（でもそうでないから、してあげられない）

＊If　you　had　the key, you　could　open　the door.
仮定する あなたが 持っていた その鍵を、 あなたは 可能だった 開けること その戸を
→ もしあなたがその鍵を持っていたら、あなたはその戸をあけることができたのだが（心で思ってから言葉に出すので過去形になっているが本当は今のこと）
→ もしあなたがその鍵を持っていたら、あなたはその戸をあけられるのだが（でもそうでないからあけられない）

＊If　I　could pass the exam, I　could　graduate.
仮定する 私は できた 合格する その試験に、私は 可能だった 卒業する
→ もし私はその試験に合格することができたら、私は卒業することが可能だったのに（心で思ってから言葉に出すので過去形になっているが本当は今のこと）
→ もし私がその試験に合格することができたら、私は卒業することができるのだが（でもそうでないからできない）

＊If　he were(was) not our enermy, we would be　good friends.
仮定する 彼が 状態でなかった 　私たちの敵、私たちは 意志があったよ 状態 よい友達に
→ もし彼が私たちの敵でなかったら、私たちはよい友達になれただろうに（心で思ってから言葉に出すので過去形になっているが本当は今のこと）
→ もし彼が私たちの敵でなければ、私たちはよい友達になれるだろうに（でもそうでないからなれない）

＊If　he went there, he would　learn　the truth.
仮定する 彼は 行った そこに、 彼は 意志があった 学ぶという その真実を
→ もし彼がそこに行ったなら、彼は本当のことがわかっただろうに（心で思ってから言葉に出すので過去形になっているが本当は今のこと）
→ もし彼がそこに行ったなら、彼は本当のことがわかるだろうに（でもそうでないからわからない）

＊If　I knew　how to drive a car, I could take you home.
仮定する 私は知ってた 方法 運転する 車を、私は可能だった 連れていく あなたを 家に
→ もし私がどのように車を運転するのかを知っていたら、私はあなたを家まで送っていくことが可能だった（心で思ってから言葉に出すので過去形になっているが本当は今のこと）
→ もし私が車の運転の仕方を知っていれば、あなたを家まで送って行けるのに（でもそうでないから送れない）

＊If　it were not for the sun, nothing could live on the earth.
仮定する それは状態でなかった ために 太陽、何ものもない 可能だった 生きる 地球上に

→　もしそれが太陽でなかったら（太陽が存在しなかったら）、何もないという存在が地球上に生きることが可能だった（心で思ってから言葉に出すので過去形になっているが本当は今のこと）
→　もし太陽がなければ、何も地球上で生きられないだろうに（でも太陽はあるから地球上で生物が生きることが出来る）

＊If　　　　she　　were　　here,　　　I　　should　　　　be　　　　happy.
　仮定する　彼女は状態だった　ここにいる、　私は　義務権利があった　状態である　幸せ
→　もし彼女がここにいるという状態だったら、私は幸せという状態である義務権利があった
　（心で思ってから言葉に出すので過去形になっているが本当は今のこと）
→　もし彼女がここにいたら、私は幸せだろうに（でもそうでないから幸せでない）

仮定法過去完了（過去のことに対する仮定）をＥＥＬＳで解釈する

＊If　　she　　had　　told　　　me, I　　could　　have　helped　　her.
　仮定する　彼女は持っていた　話させられた　私に、私は　できた　持つ　助けさせられた　彼女を
→　もし彼女が私に話させられたという環境状況を持っていたら、私は彼女を助けさせられたという状況環境を持つことができたのに。
→　もし彼女が私に話してくれていたら、私は彼女を助けることができたのに（そうでなかったから、できなかった）

＊If　　I　　had　　missed　　the　bus,　I　　might　　have　been　　late.
　仮定する　私は　持った　逃させられた　そのバス、私は　許可された　持つ　　状態　　遅れる
→　もし私がそのバスを逃させられたという状況環境を持っていたら、私は遅れるという状態にさせられた環境状況を持つことを許可されただろう。
→　もし私がそのバスを逃していたら、私は遅れていたかもしれない（でもそうでなかったから遅れなかった）

＊If　　he　had　　driven　　more　carefully,　he　would　still　be　　alive.
　仮定する　彼は持った　運転させられた　もっと注意深く、彼は意志があった　まだ　状態　生きる
→　もし彼がもっと注意深く運転させられたという状況環境を持っていたら、彼はまだ生きているという状態である意志があった。
→　もし彼がもっと気をつけて運転していたら、彼はまだ生きているだろうに（でもそうでなかったから、彼は生きられなかった）

＊If　　I　had　　had　　　more　time　then,　I　could　have　done　better.
　仮定私は持った　持たさせられた　もっと時間をその時に、私は可能だった　持っている　させられた　よりよく
→　もし私がその時にもっと時間を持たさせられたという環境状況を持っていたら、私はよりよくさせられたという状況環境を持つことが可能だった

→　もし私がその時にもっと時間があったならば、もっとうまく行っただろうに（でも時間がなかったからうまく行かなかった）

＊If　I　had　　had　　a lever,　I　could　have　removed　the stone.
仮定　私は持った　持たされた　てこを、私は可能だった　持っている　除去させられた　その石を
→　もし私がてこを持たさせられたという状況環境を持っていたら、私はその石を除去させられたという状況環境を持つことが可能だった
→　もし私がてこを持っていたら、私はその石を除去することができただろうに（でもてこを持っていなかったから、意志を除去できなかった）

＊If　he had not helped　us,　we should　have　been drowned.
仮定　彼は持っていなかった　助けさせられた　私たちを、私たちは義務権利があった　持っている　状態にさせられた　溺れさせられた
→　もし彼が私たちを助けさせられたという状況環境を持っていなかったら、私たちは溺れさせられたという状態にさせられたという状況環境を持つ義務権利があった。
→　もし彼が私たちを助けなかったら、私たちは溺れていただろうに（でも彼は私たちを助けたので、私たちは溺れなかった）

＊If　I had　worked harder,　I should be a college student now.
仮定　私は持った　働かされた（勉強させられた）もっと一生懸命に、私は義務権利があった　状態　大学生　今
→　もし私がもっと一生懸命に勉強させられたという状況環境を持っていたら、私は今、大学生という状態である義務権利があった。
→　もし私がもっと一生懸命勉強していたら、私は今大学生だろうに（でも一生懸命勉強しなかったので、大学生になれなかった）

仮定法現在（未来のことに対する仮定）をEELSで解釈する

＊If I were　to live　to be 150 years old, I should be able to learn it completely.
仮定　私は状態だった　生きるという　状態　150歳、　私は　義務権利があった　状態であるという　可能な　学ぶこと　それを　完全に
→　もし私が１５０歳の状態まで生きるという状態だったら、私はそれを完全に学ぶことが可能な状態である義務権利があった。
→　もし私が１５０歳まで生きるとすれば、私はそれを完全に学ぶことができるのに。

＊If　you change your mind, please tell　me about it.
仮定　あなたが　変える　あなたの気持ちを、どうぞ　伝えてください　私に　それについて
→　もしあなたがあなたの気持ちを変えるとしたら、どうぞそれについて私に知らせてください。
→　もしあなたが心変わりをするようなことがあったら、私に知らせてください。

*If a fire should　　break out, what would　　you　　do?
仮定　火事は　義務権利があった　急に起きる、物　意志があった　あなたは　する
→　もし火事が急に起きるという義務権利があったら、あなたは何をする意志がありましたか？
→　もし火事が起きたら、あなたはどうする？

*If he were to be born again,　　　　　　　he would be a teacher.
仮定　彼は状態だった　生まれさせられたという状態　再び、彼は意志があった　状態である　先生
→　もし彼が再び生まれさせられたという状態であるという状態であったら、彼は先生という状態である意志があった
→　もし彼が生まれ変わるとしたら、彼は先生になっただろう

＜１５＞　ＥＥＬＳを会話に役立てる法

　　　　ＥＥＬＳは日本人が英語教育を行なう上で基本となるネイティブ英文法簡単解釈法です。英語圏的発想と感覚を日常生活の中で養うことのできない日本人が、日本国内で英語を習得する上でとても重要なメソッドとなります。このＥＥＬＳを使うことにより、英会話をより簡単に行なうことができるようになります。

　　　　　それでは、さっそくＥＥＬＳを会話に役立ててみましょう！

１、最初に誰（何）のことを言いたいのか？　　主語を選びます
　　　　　　　　　I
　　　　　　　　　You
　　　　　　　　　He
　　　　　　　　　She
　　　　　　　　　It
　　　　　　　　　They
　　　　　　　　　Tom

２、次にその主語がどうする（した）のか？　　動詞を選びます
　　　動詞の選び方ですが、

　　　（１）　主語の状態を言いたいときには　　　　　　　be動詞
　　　（２）　主語の状況・環境を言いたいときには　　　　have動詞
　　　（３）　主語がした動作そのものを言いたいときには　一般動詞

それから、時制を決めます。現在のことなのか、過去のことなのか？
仮に主語を私にしてみます。

＜１＞ ｂｅ動詞
① 私は I　状態である（であった）　am(was)　先生という　a teacher.
　　→ I am(was) a teacher.
② 私は I　状態である（であった）　am(was)　幸せという　happy.
　　→ I am(was) happy.
③ 私は I　状態である（であった）　am(was)　勉強をしている　studying 英語を English.
　　→ I am(was) studying English.
④ 私は I　状態である（であった）　am(was)　愛されたという　loved.
　　→ I am(was) loved.

＜２＞ ｈａｖｅ動詞
① 私は I 持っている（いた） have(had) 犬を（状況環境を）a dog.
　　→ I have(had) a dog.
② 私は I 持っている（いた） have(had) 頭痛を（状況環境を） a headache.
　　→ I have(had) a headache.
③ 私は I 持っている（いた） have(had) 勉強させられた（状況環境を） studied 英語を English ８年間 for 8 years.
　　→ I have(had) studied English for 8 years.
④ 私は I 持っている（いた） have(had)状態にさせられた（状況環境を）been オーストラリアに行くという to Australia 以前に before.
　　→ I have(had) been to Australia before.
⑤ 私は I 持っている（いた） have(had)たった今 just 終わらさせられた（状況環境を）finished 私の宿題を my homework.
　　→ I have(had) just finished my homework.

＜３＞一般動詞
① 私は I 買う（買った）　buy(bought)　本を　a book.
　　→ I buy(bought) a book.
② 私は I 食べる（食べた）　eat(ate)　バナナを　a banana.
　　→ I eat(ate) a banana.
③ 私は I 好きだ（好きだった）　like(liked)　りんごが　apples.

→ I like(liked) apples.
④ 私は I 行く（行った） go(went) 公園へ to the park.
→ I go(went) to the park.
⑤ 私は I 欲しい（欲しかった） want(wanted) 犬を a dog.
→ I want(wanted) a dog.

3、もし、動詞だけで言いたいことを的確に表現することが難しい場合は、助動詞を使って表現します。

<1> ｂｅ動詞
① 私はI 意志がある（あったwill(would) 状態 be 先生という a teacher.
→ I will(would) be a teacher.
② 私はI 可能だ（可能だった） can(could) 状態 be 幸せという happy.
→ I can(could) be happy.
③ 私はI 許可されてる（許可された）may(might) 状態 be 愛されたという loved.
→ I may(might) be loved.
④ 私はI 義務権利がある（あった） shall(should)状態であるbe 自由というfree.
→ I shall(should) be free.
⑤ 私はI 断定されている must 状態である be ここにいるという here.
→ I must be here.

<2> have動詞
① 私は I 意志がある（あった） will(would)持つ have犬を（状況環境を） a dog.
→ I will(would) have a dog.
② 私はI 可能だ(可能だった) can(could) 持つこと have 友達を some friends.
→ I can(could) have some friends.
③ 私はI 許可されてる（許可された） may(might)持っているhaveかばんをa bag.
→ I may(might) have a bag.
④ 私はI 義務権利がある（あった） shall(should)持っているhave 奥さんをa wife.
→ I shall(should) have a wife.
⑤ 私はI 断定されている must 持っている have 休暇を a holiday.
→ I must have a holiday.

126

<3> 一般動詞

① 私はI 意志がある（あった） will(would) 買う buy 本を a book.
　　→ I will(would) buy a book.
② 私はI 可能だ（可能だった） can(could) 食べる eat バナナを a banana.
　　→ I can(could) eat a banana.
③ 私はI 許可されてる（許可された） may(maight) 使う use 彼のペンを his pen.
　　→ I may(might) use his pen.
④ 私はI 義務権利がある（あった） shall(should) 行く go そこへ there.
　　→ I shall(should) go there.
⑤ 私はI 断定されている must 言う say そう so.
　　→ I must say so.

4、前置詞は表現をより鮮明にする道具です。前置詞の持っているオリジンの意味を感覚で掴んで英語圏的発想で使いましょう！

<1> be動詞

① 私はI 意志がある（あった）will(would)状態 be 先生 a teacher シドニーで in Sydney.
　　→ I will(would) be a teacher in Sydney.
② 私はI 可能だ（可能だった）can(could)状態である be 幸せという happy 彼と with him.
　　→ I can(could) be happy with him.
③ 私はI 許可されてる（許可された）may(might)状態 be 愛された loved トムによって by Tom.
　　→ I may(might) be loved by Tom.
④ 私はI 義務権利がある（あった）shall(should)状態 be 自由 free 生涯 for life.
　　→ I shall(should) be free for life.
⑤ 私はI 断定されてる must 状態 be ここ here 月曜日から金曜日まで from Monday to Friday.
　　→ I must be here from Monday to Friday.

<2> have動詞

① 私はI 意志がある（あった）will(would)持つ have 犬を（状況環境を） a dog 家で at home.
　　→ I will(would) have a dog at home.
② 私はI 可能だ（可能だった）can(could) 持つこと have 友達を some friends in Australia.
　　→ I can(could) have some friends in Australia.
③ 私はI 許可されてる（許可された）may(might)持つ have かばんを a bag 電車で on the train.
　　→ I may(might) have a bag on the train.

④　私はⅠ義務権利がある（あった）shall(should)持つhave奥さんをa wife将来n the future.
　　　→　I shall(should) have a wife in the future.
⑤　私はⅠ断定されてるmust持つhave休暇a holidayできるだけ早くas soon as possible.
　　　→　I must have a holiday as soon as possible.

<３>一般動詞
①　私はⅠ意志がある（あった）will(would) 買う buy 本を a book 金曜日までに by Friday.
　　　→　I will(would) buy a book by Friday.
②　私はⅠ可能（可能だった）can(could)食べるeatバナナa banana午前中にin the morning.
　　　→　I can(could) eat a banana in the morning.
③　私はⅠ許可されてる（許可された）may(maight) 使う use 彼のペンを one of his pens.
　　　→　I may(might) use one of his pens.
④　私はⅠ義務権利がある（あった）shall(should)行く go 公園へ to the park.
　　　→　I shall(should) go to the park.
⑥　私はⅠ断定されている must 言う say そう so 彼に to him.
　　　→　I must say so to him.

<１６>　ＥＥＬＳを文章読解に役立てる法

　それでは、ＥＥＬＳを使って文を読んでみましょう！ＥＥＬＳで身につけた英語圏的発想と感覚を大いに生かしてください。読む本は、英語圏の小学校高学年用に書かれた童話などが、わかりやすい正しい英文法や基本的な英単語を使って使って書かれているので、英語学習者の日本人にとって最適です。また、話が長すぎるものは飽きてしまうのでふさわしくありません。短編がたくさん入っている童話の本を選んでください。また話の内容もすでに知っているもののほうが読みやすいです。そんな意味から言うと、イソップ物語とかアンデルセン物語などがいいでしょう。最初から英字新聞や英語圏の大人用のマガジンなどはスラングや比喩表現、文の省略などがあるため、英語学習者にとってはあまりふさわしくありません。

<文を読むときの注意事項>
　１）必ず左側から順番に単語の持っているオリジンの意味を感覚で掴みながら、読み進むこと。
　２）知らない単語があってもいちいち辞書で調べずに、飛ばしてその

まま読み進むこと。その知らない単語の前後にある単語からその意味を想像することが大切。（私たちは、日本の小説を読んだりするときでも知らない単語は飛ばしている）単語の意味を調べるのは、ある程度、文を読み進めてから、どうしてもその単語の意味がわからないと、次に読み進めないときにまとめて行なうとよい。

3）何が何なのかをしっかり把握したあとで、そのＳＶをより詳しく表現するものとして、次に続く単語の意味を順番に追っていくこと。日本でよく言われている後ろから訳すことはしてはいけない。

4）日本語に訳さないこと。英語圏の人たちは日本語に訳しながら英語を話しているわけではないことを忘れずに。

5）英語圏の人たちの発想と日本人の発想には違いがある。英語表現が理解できなくても、「どうしてだろう？」と思わないこと。英語圏の人たちは「こういう発想をするのだ」と受け入れること。

英語の文を読むときには、いちいち日本語の文に直すのではなく、左側から英単語の意味を感覚的に掴みながら読み進み、その単語の持っているオリジンの意味を絵に表して行き、最後に文を読み終えたら、絵が完成しています。そして、その完成した絵を見て

I see！

＜１７＞ 英語力アップの秘訣

1、文型は１つ、何が（誰が）何なのか
2、時制は２つ（現在形と過去形のみ）
3、動詞は３つ（be 動詞、have 動詞、一般動詞）
4、単語のオリジンの意味を感覚的に把握する

① 主語になる単語
I, you, he, she, we, they, it, 人・場所の名など

② 動詞になる単語

go, take, know, come, get, like, make,
have, see, do, tell, think, look, say,
play, hear, write, help, speak, give, want,
buy, collect, hope, meet, read, thank, eat,
catch, work, arrive, talk, invite, miss, leave,
walk, drive, excuse, drink, wear, call, spend,
understand, hurry, win, carry, cut, sleep,
sound, lose, swim, happen, find, sing, hold,
become, let, steal, surprise, love, bring, boil,
try, keep, promise, choose, watch, marry, put,
open, finish, remember, borrow, pass, die, pay,
follow, start, sit, hurt, seem, taste, smell,
join, mistake, agree, use, forget, run, worry,
mean, matter, ask, clean, close, travel, enjoy,
need, cross, wait, offer, fail, believe, break,
climb, show, fill, lock, introduce, live,
control, belong,

② 形容詞

good, nice, great, kind, glad, well, some,
sorry, fine, much, many, all, every, any,
next, new, careful, hot, best, another, no,
long, last, first, afraid, bad, wrong, sure,
expensive, free, late, green, yellow, blue, tall,
beautiful, full, ready, favorite, few, fond, high,
better, English, cheap, thirsty, famous, most, more,
rainy, cloudy, stormy, French, useful, short, true,
powerful, fast, impossible, strange, welcome,
familiar, like, young, old, dry, wet, easy,
difficult, clean, dirty, half, right, busy,
little, interesting, enough, round, worse, dark,
hopeful, low, clever, common, dangerous, big,
excited, exciting, hungry, loud, lucky, necessary,
open, close, proud, near, correct, Chinese, wide,

③　副詞

very,　too,　so,　just,　often,　soon,　much, again,　long,　here,　there,　far,　pretty,　back, really,　over,　especially,　already,　yet,　ago, above,　ahead,　twice,　quite,　either,　never,　all, always,　well,　first,

　単語は、ただ暗記するのではなく、日常生活の中で、その単語を使う状況・環境の中で身につけていかなければ、使いこなせるようにはなりません。英語を使う環境がほとんどない日本で、英語を学ぶ場合には、その状況・環境をイメージする訓練が必要です。ただ文章を丸暗記するだけの現行の英語教育では、実際に英語を話せるようになることはとてもむずかしいです。

　中学生に英語を教える場合にも、同じようなことが言えます。新しい英文を教えるときに、教師はその英文を使う状況・環境を中学生がイメージしやすいようにしてあげることが大切です。感覚的に意味を掴みながら英文を教えることにより、中学生はその英文を感覚的に使えるようになります。

　英語を学ぶとき、日本語訳が一番難しいと言われています。それは、日本語と英語の文法違いと国民の発想の違いによります。日本の文を英訳したり、英語の文を和訳したりするとき、日本語と英語の表現の違いに悩まされたことがあるでしょう。本来なら、少しおかしい日本語になったとしても、きれいな日本語に変える必要はなく、英語をそのまま直訳して、言いたいこと（意味）を把握すればいいのです。ところが、生真面目な日本人はそれを正しい日本語、きれいな日本語に治して、それを和訳として学習するように英語教育を作り上げてしまいました。

　英語圏の人たちは、いちいちきれいな日本語に直して、英語を話しているわけではありません。そこのところを忘れずに、日本語はあくまでも意味を感覚的に掴むための手段として使うようにしなければ、本当に英語を身につけることはできないのです。

「何でもいいから英語をたくさん聞くと、英語を話せるようになる」ということがよく言われますが、それでは英語を話せるようにはなりません。赤ちゃんが英語を母国語として覚えるときは、もちろん、聞くことから始まりますが、それはあくまでも赤ちゃんということと、母国語であるということだからです。赤ちゃんは言葉だけを耳から聞いて覚えているのではなく、言葉と物と合わせて知識として覚えているのです。英語圏の赤ちゃんでさえ、英語をたくさん聞いただけでは、英語を身につけることはできません。ですから、他言語を習得するには、やはり、覚える環境設定が大切です。

　まずは、ＥＥＬＳを使って、たくさんの英文を読んでください。英文を読むことにより、英語圏の人たちがどのように英語を使っているのかを身につけることができます。もちろん、単語力もその文章の中から、その使われている状況・環境と一緒に覚えることができます。そうしているうちに、どのような状況・環境の時、どのように英語を使ったらいいのかがわかるようになります。そして、使いましょう。自分が使える英文、知っている単語は聞き取る事ができます。まずは自分が使えるようになることが先決です。ですから、英文を読むときには、必ず声を出して読むことをお勧めいたします。

＜１８＞　ＥＥＬＳを中学英語の授業に役立てる法

　日本の中学生への英語教育はどうしても高校受験を意識したものとなっています。よって、せっかく新しい文型を学んでも、使う機会のない日本では、結局は英単語や英文を暗記し、それがきちんと暗記できているかどうかを確かめるためにテストを行うという授業が中心となりがちです。また、高校受験のためには、入試の過去問題など、難しい長文問題なども解けるようにならなければならず、中学生たちにはそれが大きな負担となっているようです。

　小学校で楽しく英語を勉強していたにもかかわらず、中学生になった途端に、英語嫌いになってしまったという中学生が多いのもうなず

けます。そんな中学生たちにＥＥＬＳを使って英語の授業をすると、理解しながら無理なく学習が進められます。また暗記をする負担も解消されるため、英語嫌いになることを防ぐことができます。

それでは、さっそくＥＥＬＳを中学生への授業に役立ててみましょう！

1、新しい文法を教えるときには、日本語でまず環境設定を行い、そこに英文を貼り付けるパッチ導入法で行う。

 ＜例＞ 比較級を教える場合

 ① 教師：「私は母より若いです。」さあ、みんなも誰かと何かを比べてみましょう。
 ② 生徒1：　私は弟より頭がいいです。
 ③ 生徒2：　僕はノボル君より強いです。
 ④ 生徒3：　私の父は祖父より太っています。
 ⑤ 生徒4：　僕のおじさんは兄より背が高いです。
 ⑥ 教師：　（生徒がそれぞれ、誰かと何かを比べることができたら、黒板に「トムはケンよりも背が高いです」と黒板に書き、）はい、それでは、これを英文に変えていきましょう。まず、主語は何ですか？
 ⑦ 生徒：　トム
 ⑧ 教師：　そう、トムだから（と言って、日本語のトムの下にTomと書く。そして次に、）それでは、動詞は何ですか？
 ⑨ 生徒：　～です
 ⑩ 教師：　そう、「です」は英語で何ですか？
 ⑪ 生徒：　is
 ⑫ 教師：　はい、isですね。（と言って、Tomの後にisと書く。）「Tom is」で「トムは～です」となりますね。ところで、トムは何なのですか？
 ⑬ 生徒：　背が高いです
 ⑭ 教師：　そう、背が高いのですよね。それでは英語で「背が高い」はどういいますか？

⑮　生徒：　tall
⑯　教師：　そう、「tall」ですね。(と言って、「Tom is」の後に「tall」と書く。) それでは、「ケンよりも」の「〜よりも」という単語を辞典で調べましょう。(と言って、生徒に和英辞典で「〜よりも」を調べさせる。)
⑰　生徒：　than
⑱　教師：　そう、「than」です。だから「ケンよりも」は「than Ken」となります。(と言って、「Tom is tall」の後に、少し隙間をあけて「than Ken」と書く。) ところで、この文はトムとケンの背の高さを比べています。だから、tallはその比較級に変えなければなりません。それでは、辞書でtallの比較級を調べてください。
⑲　生徒：　taller
⑳　教師：　そう「taller」です。(と言って、「Tom is tall than Ken.」のtallの後ろに赤で目立つようにerを付け足す。) はい、これで英文が完成しました。「トムはケンよりも背が高いです。」という日本文を英文にすると「Tom is taller than Ken.」となります。
　　　(この後で、教師はtall以外の形容詞、副詞の比較級を調べさせ、それらを使っていろいろと英文を作る練習をさせるとよい。)

　英語教師たちは、中学生に新しい英語の文型を教えるときに、その英文から説明してしまう傾向にあります。でも、日本語でも同じ表現があるのに英語から教えられてしまうと、中学生たちにとって、その文型が、日本語にはない新しい表現のように感じてしまいます。そして、暗記をするしか覚える方法がなくなります。

　ところが、最初に自分たちも使っている日本語表現に英語表現をパッチして教えてあげると、それを言いたい気持ちになったときに、自動的に日本語表現にパッチされた英語表現が出てくるようになります。そうすれば、覚えた英語を必要な場面で使うことができるようになり、英文を特別なものとして暗記しなくてもすむようになります。

2、新しい文法を教えるときには、すぐにその新しい文法を教えるのではなく、すでに勉強しているものを復習させてから、最終的に新しい文法を教えるようにするとよい。

　　＜例＞　受動態を教える場合

① 教師：　猫はねずみを追いかける。ねずみは猫に？
② 生徒：　追いかけられる。
③ 教師：　私はりんごを食べる。りんごは私に？
④ 生徒：　食べられる。
⑤ 教師：　では、これを英語に変えてみましょう。（と言って、「私はトムを愛している。」と黒板に書く。）それでは、この日本文を英文にしてみましょう。主語は？
⑥ 生徒：　私は
⑦ 教師：　英語で？
⑧ 生徒：　I
⑨ 教師：（Iを私の下に書く。）動詞は？
⑩ 生徒：　愛する
⑪ 教師：　英語で
⑫ 生徒：　love
⑬ 教師：（loveをIの次に書く。）誰を愛してるの？
⑭ 生徒：　トム
⑮ 教師：　英語で？
⑯ 生徒：　Tom
⑰ 教師：（loveの次にTomを書く。）そう、だから「私はトムを愛している」は英語で
⑱ 生徒：　I love Tom.
⑲ 教師：　では、トムは私に？
⑳ 生徒：　愛されている
21 教師：（「トムは私によって愛されている。」と黒板に書く。）では、主語は？
22 生徒：　トム
23 教師：　英語で？
24 生徒：　Tom
25 教師：（トムの下にTomと書く。）トムの状態を言いたいので、状

		態を表す動詞は？
26	生徒：	be動詞
27	教師：	では、Tomにつけるbe動詞は？
28	生徒：	is
29	教師：	(Tomの次にisと書く。) トムは〜です、トムは〜です、Tom is, Tom is, トムはどういう状態なの？
30	生徒：	愛されたという状態
31	教師：	そう、愛されたっていうのは受動の意味が入っているのでloveの受動分詞は？
32	生徒：	loved
33	教師：	(Tom isの後にlovedを書く。) では、誰によって愛されているの？
34	生徒：	私によって
35	教師：	では、「〜によって」という単語を辞書で調べましょう。(生徒に辞書で「〜によって」という単語を調べさせる。)
36	生徒：	by
37	教師：	だから「私によって」はby meとなります。(lovedの次に「by me」と書く。) はい、これで英文が完成しました。「トムは私によって愛されている」という日本文を英文にすると「Tom is loved by me.」となります。

　中学生に英語を教えるとき、新しい文法（英文）から入ると、いつも新しいことを教えられているという感じを受けがちですが、すでに身につけた知識を引き出しながら教えていくと、復習を兼ねながら知識を確認していくことができます。
　また、そうすることにより、新しいことは本当に一部分で多くの部分はすでに知っていることであるということがわかり、学習者への負担が少なくなります。

3、新しい英単語を教えるときには、日本語でまず環境設定を行い、そこに英単語を貼り付けるパッチ導入法で行う。

<方法1> フラッシュカードで導入する。

① 導入する単語の絵を描いてフラッシュカードを作る。
② フラッシュカードには絵だけで文字はかかない。
③ 一回の単語導入は8個～10個とする。
④ 導入方法は児童英語の単語導入を参照。
⑤ 一枚のフラッシュカードに1つの単語とする。

<方法2> ポスターで導入する。

① 導入するすべての単語の絵を1枚のポスター(模造紙を使うとよい)に仕上げる。
② ポスターはトピックスごとに作成するとよいが、中学の場合はセクションごとにする。
③ 最初、ポスターには文字は書かないが完全に単語を覚えたら文字を後から貼り付ける。
④ ポスターは教室の壁に貼っておき、いつでも生徒が見ることができるようにしておく。

<方法3> イメージトレーニングをして導入する。

① 生徒に目をつぶらせて、教師は新しい単語の日本語訳を言う。
② 生徒はその日本語訳を頭の中でイメージする。
③ 生徒がイメージできたら、教師は英単語を発音する。
④ 生徒はイメージしながら、その英単語の発音をリピートする。
⑤ イメージに英単語がパッチできたら、生徒は目を開けて、英単語をリピートする。
⑥ 最後に、単語を言うとイメージが浮かんでくるように練習する。

英単語の暗記に苦労している中学生を見ていると、早くこのAmeaメソッドEELSが日本に浸透して行くことを願わずにはいられません。児童英語のところでも説明しましたが、単語を覚えるとき、ただ単に言葉だけを覚えるのではなく、その持っている意味、その単語が指している物事を一緒に知識として覚えなければ使うことができません。
　ただ、テストのために暗記するだけに終わってしまったら、何のための英語教育なのかもわからなくなってしまいます。

　すでに日本語で身につけている知識は、言葉と物事が合わさって知識として記憶が定着されています。その日本語で持っている知識に英語を貼り付けていくAmeaメソッドEELSの一つ、パッチ導入法なら、無理なく自然に英単語も英文も覚えることができます。いいえ、覚えるだけでなく使えるようになるのです。

＜１９＞AmeaメソッドEELSは日本の英語教育の正しい方法論

　日本人は日本語を母国語として知識を習得し、生活をしています。その日本人が英語を習得するためには、英語圏の人たちではわからない大きなハンディキャップがあります。英語を話せなくても生活できる日本人があえて英語を習得するためには、正しい方法論が必要です。そして、その方法論に従って地道にトレーニングをしていくことです。その正しい方法論がいままで日本にはありませんでした。そのために暗記をするしか方法がなかったのです。

　その正しい方法論こそ、AmeaメソッドEELSなのです。日豪での英語教育３０年の歳月をかけ、やっと見つけた正しい方法論「AmeaメソッドEELS」で、英語圏的発想と感覚を身に付けていってください。
　英語は思っているよりも簡単です。英語圏の２歳の子どもも話すことができる英語。私たち日本人が遠回りをして難しく教えられている英語。もっと、もっと、気楽に、そして、楽しみながら、生活の中で英語を身につけていきましょう！

　アジアで２番目に英語が話せない国と言われている日本。早く、そんな不名誉な勲章を捨てて、アジアの国で一番英語が話せる国と言われるようにがんばりましょう！　後はあなた次第です。

Part 5　能力開発トレーニング法

　Part1、2、3では、児童英語教師になるために必要な心理学、子どもたちの成長と発達、実際に子どもたちに英語を教えるためのノウハウ、そして、それをどのように授業に結び付けていったらいいかという実践的メソッドを学びました。Part4では、英語圏の人たちが無意識に使っているネイティブ英文法の簡単解釈法であるEELS(Easy English Learning System)を学びました。Part5では、Ameaが開発した数々の能力開発トレーニング法、子どもたちに英語を教える場合に効果的なアクティビティーの創作法、教材開発の仕方などを学びましょう。

＜1＞ Speak in Images Training Method

　　英語圏の人たちは、英語的発想で英語を感覚的にとらえて使っています。まず、言いたいことをビジュアライズし、そのビジュアライズした絵に従って、言いたいことの単語を順番に並べて、英語を話します。その話を聞いた人も、話し手の話を聞きながら、その話の内容をビジュアライズしていき、最後に話し手の言いたいことが伝わったとき、そのビジュアライズして作った絵（想像したもの）を見て、「I see 」と言うのです。

　　この仕組みは、右脳を使って感覚的に英語を話している英語圏の人たちの特徴で、左脳を使って日本語を話している私たち日本人が持ち合わせていない感覚です。英語を理解し、使えるようになるには、その英語圏的発想を私たち日本人も習得する必要があります。
　Speak in Images Training Method は、Amea が開発した、その訓練法の1つです。

　　Speak in Images Training Methodには、①ビジュアライズトレーニングと②絵を見て話すトレーニングの2つがあります。
①は自分が言いたいこと、あるいは人が話していることを絵に表す訓練をします。②は絵を見て、絵を見ていない人に絵の説明をきちんとできるように訓練します。

それでは、実際に訓練をしてみましょう。誰かアシスタントになってもらってください。

(a) ビジュアライズトレーニング

1) 自分が言いたいことを絵に表す

まず、自分で言いたいことを考えてください。最初は複雑なことは避けて、簡単な情景を思い浮かべましょう。例えば、「海に入って泳いでいるといるかが　やってきて、一緒に遊んだ。」とか、「お花畑を歩いていたら、バッタが跳ねてきて、頭の上に乗った」など。そうしたら、次にその絵を描いてみましょう。言いたいことを絵にすることは日本人にとって、とても難しいですが、英語圏の人たちはいつもビジュアライズしながら英語で話しをしているので、がんばってやってみましょう。易しい情景を絵にすることを少なくても１０回以上は行なってください。できるようになってきたら、序所に複雑な情景を絵にしていかれるようにしてください。この訓練でだいぶ右脳が鍛えられます。

2) 人が話していることを絵に表す

アシスタントが必要です。アシスタントに簡単な情景を思い浮かべ、それを説明するように頼みましょう。アシスタントの説明に従って、絵を描いてください。説明が終わったら、完成した絵をアシスタントに見せてください。アシスタントが思い描いた情景とどのくらい近い絵を描けたでしょうか？少なくても１０回以上は、これを行なってください。できるようになってきたら、序所に複雑な情景を絵に描けるようにしていきましょう。この訓練でもだいぶ右脳が鍛えられます。

(b) 絵を見て話すトレーニング

アシスタントが必要です。絵あるいは写真などを用意してください。週刊誌や本の挿絵、スナップ写真など、何でも結構です。ただし、アシスタントには見せないこと。その絵や写真を言葉で説明して、アシ

スタントがその絵や写真に近い絵を描けるようにしてください。説明をきちんとしないと、アシスタントは絵を描くことができません。少なくても１０回以上はこれを行なってください。できるようになってきたら、序所に複雑な絵や写真の説明をできるようにしましょう。この訓練でわかりやすく人に言いたいことを伝える訓練ができます。

＜２＞　Amea式能力開発訓練

　子どもたちの様々な能力を高めるための特殊な訓練法をAmeaでは開発しています。その中でも英語力を培うために必要な、「自分の言いたい事を表現する力」と「相手の言いたい事を理解する力」を養うための訓練法を身につけましょう。

(a) 自分の言いたい事を表現する力を養う訓練法

1）まず、子どもたちに簡単な質問を用意します。この質問は子どもたちの気持ちを聞く質問でなければなりません。

　　　質問例
　　　① 仲良しのお友達とけんかをしたときは、どんな気持ちになりますか？
　　　② お父さんとお母さんがけんかをしているときには、どんな気持ちになりますか？
　　　③ 先生に怒られたときは、どんな気持ちになりますか？

2）次に、その質問の答えに対して、「それはどうしてそのような気持ちになると思いますか？」と聞いてください。

3）次に、その質問の答えに対して、同じようにその答えに対する気持ちを聞いていきます。このように自分の心の中にある言葉を口に出して表現できるようにしていくと、今度は自分の気持ちを自然に現すことができるようになり、それが、言いたい事をきちんと聞き手にわかるように表現するということにつながります。

(b) 相手の言いたい事を理解する力を養う訓練法

1）まず、子どもたちに簡単なできごとを話します。この話は起承転結がはっきりしているものでなければなりません。

例
<起>　花子さんと太郎君は公園に遊びに行きました。
<承>　二人はそこできれいな赤い花を見つけました。
<転>　花子さんは家に持って帰りたかったので、その花を取ろうとしましたが、太郎君はかわいそうだからそのままにしてあげようといいました。
<結>　花子さんは太郎君の考えに賛成して、そのかわりに赤い花の絵を描いて家に持って帰りました。

2）次に、その話に対して、質問をします。

質問例
① 誰がお話の中に出ていましたか？
② 二人はどこに行きましたか？
③ 二人はそこで何を見つけましたか？
④ 二人はそれをどうしようとしましたか？
⑤ 二人は最後にどうしましたか？

(c) 発想転換トレーニング法

　英語圏の人たちは、英語的発想で英語を感覚的にとらえて使っていることはすでに説明しました。その英語圏的発想を日本人である私たちが習得するには、実際に英語圏に住み、生活の中で自然に身につけていくことが一番です。しかし、どれだけの日本人が英語圏に住むというチャンスを持っているでしょうか？そこで、英語圏に住まずに、英語圏的発想と感覚を身につけるための特殊な訓練が必要となってきます。

　まず、ＥＥＬＳを読み返しましょう。英語圏的発想と感覚がすべて説明してあります。何度も何度も読んで、理解するだけでなく、感覚

的にとらえられるように、実際に使ってみることが大切です。

　最初は英語でかかれた物語や英字新聞などを読むことから始めて、発想と感覚がなんとなくわかってきたら、今度は努めて使うようにしていくことです。英文を書く機会を作るには、英語圏の人たちとのメールのやりとりが効果的です。それで少し自信がついてきたら、今度は積極的に話す機会を作って行きましょう。

　海外旅行もそのきっかけになります。英語学校でネイティブ英語教師から英語のレッスンを受けるのもいいでしょう。英語を使うための英語のレッスンは成果が必ずでてきますが、英語を話せるようになるために英語のレッスンを受けても効果はありません。そこの違いを十分に理解した上で、あせらず、まず**EELS**を習得することが大切です。

発想転換トレーニング

1）英語圏的発想に切り替えるために、「何が何なのか」と１０回、心の中で繰り返す。
2）「何が」のところに「私は」をいれ、「何なのか」のところに言いたい動詞を入れる。

　　　例　① 私は食べる
　　　　　② 私は歩く
　　　　　③ 私は歌う
　　　　　④ 私は寝る

3）「私は」はそのままで、言いたい動詞を、私の状態を言いたいのか、私の持っている状況・環境を言いたいのか、それとも私がする（した）動作を言いたいのかを考えながら、be動詞、have動詞、一般動詞を選んでつけていく。
4）次に時制を考え、言いたいことが現在のことなのか、過去のことなのかで、be動詞、have動詞、一般動詞の時制も考えながら、選んでつけていく。

　＊このトレーニングは少なくても１日１回ずつすると効果的です。このとき、be動詞、have動詞、一般動詞の３つの動詞と現在・過去の２つの時制を頭に置きながら、感覚的に、自然にこの仕分けができるようになるまでトレーニングを続けてください。

(d) 記憶システム開発訓練

　　英語圏の人たちが会話をする時、日本人のように言葉の内容を理解しながら会話をしているのではなく、言いたいことを表す単語を順番に並べ、その単語が表している言いたいことを、聞き手は感覚的に把握しながら会話をしています。言葉の言い表し方からどのようなことを言いたいのかを理解しながら会話をしている私たち日本人がいつまでも英語を話すことができないのは、日本語を理解するのと同じように英語も理解していこうとするためで、相手の言いたいことを把握することができないうちに会話が終わってしまい、結局何もわからないまま、何も言えないままになってしまうのです。

　　これが、何度も取り上げて説明している左脳を使って理論的に日本語を話している日本人と、右脳を使って感覚的に英語を話している英語圏の人たちとの大きな違いです。

　　日本人が英語圏的な発想で本物の英語を話すには、右脳の訓練が必要です。Ameaが開発した記憶システム開発訓練には、日本の子どもたちの成長過程に必要な能力開発訓練も含まれていますが、そのうち、日本人が英語を習得するのに有効な右脳を使った記憶システム開発訓練法を身につけましょう。

右脳を使った記憶システム開発トレーニング

1）ビジュアルトレーニング

　　目に見えるものを感覚的に捉え、記憶する訓練です。
　　いろいろな光景の絵を用意する。１枚の絵を見て、そこに何があるのかを瞬時に記憶する。時間は１０秒間。１０秒たったら絵を伏せて、その中にあったもので覚えているものを絵に描く。
　　決して言葉にしないこと。あくまでも絵で覚えて絵で表す。

2) パターンサーチトレーニング

　あるパターンを与え、それを表などから見つける訓練

例

●	○	○	●	○	●	●	○	○	●
○	●	○	○	●	○	○	●	●	●
○	○	●	○	○	●	○	●	○	○
●	○	○	●	○	○	●	○	●	○
○	○	●	○	●	○	●	○	○	●
○	●	○	○	○	●	○	○	●	○
○	○	○	●	○	●	○	●	○	●
○	●	○	○	●	○	●	○	●	○
○	○	●	○	●	○	○	●	○	○
●	○	○	●	○	●	●	○	○	●

パターン●○○●○●
を左記の表から見つけ
ましょう。(丸の順序は
逆でも可。)

3) リズムリピートトレーニング

　タンタタタンなどのリズムを言って、それを繰り返させる訓練

(e) **創作チャンツ作成法**

　チャンツはメインレッスンで導入単語と導入文を教えた後に取り入れると効果的に子どもたちに英語を覚えさせることができることはすでに学んでいますが、ここではそのチャンツをもっと発展させて利用できるように、どのようにチャンツを創作したらいいのかを習得しま

　まず、チャンツを創作するときに下記の事項に注意してください。

　　1、トピックスごとに作ること。
　　2、導入した単語と導入文が必ず入っていること。

3、過去に教えたことのある導入文セットの文を入れるときには、復習の時に、それを教えたときの復習セットで前もって復習させておくこと。
4、子どもたちがすでに覚えているものであったとしても、過去に教えたことのある単語を新しく導入した単語の中に加えてチャンツを作ることはしないこと。

それでは、実際に作ってみましょう！

チャンツの創作　参考例

1、トピックスを選ぶ　⇒　食べ物
2、導入単語　⇒　　meat, fish, vegetables, fruits, noodles, rice, bread, egg
3、導入文　⇒　I don't like　トピックス「おやつ」の時に「I like」をすでに導入しているということを前提。復習の時に「おやつ」の復習セットで「I like」の文を復習済み）
4、チャンツを創作するときに、I don't likeだけでなく、その前に導入してある「I like」の文も入れる。

   I like meat.　タン　I like fish.　タン
   I like vegetables and fruit.　タン　タン
   I like noodles.　タン　I like rice.　タン
   I like bread and an egg.　タン　タン

   I don't like meat.　タン　I don't like fish.　タン
   I don't like vegetables and fruit.　タン　タン
   I don't like noodles.　タン　I don't like rice.　タン
   I don't like bread and an egg.　タン　タン

5、授業を行ってから2、3年たち、導入文セットをすべて教えた場合には、下記のようにすべての文を導入してチャンツを創作することができます。

I like meat.　タン　I don't like fish.　タン
Do you like vegetables?　Yes.　タン　タン　タン
I like fruits.　タン　I don't like noodles.　タン
Do you like rice?　タン　No.　タン　タン　タン
What do you like?　タン　I like bread.　タン
What do you like?　タン　I like an egg.　タン

(f) 創作英語歌作成法

　　チャンツの後に、導入した単語と文を替え歌にして歌わせながら、覚えた単語と文の練習をさせることはすでに学んでいますが、ここではその歌をもっと発展させて利用できるように、どのように歌を創作したらいいのかを習得しましょう。歌を創作するときに注意する事項はチャンツを創作するときと同じです。

　　それでは、実際に作ってみましょう！

歌の創作　参考例

　1、トピックスを選ぶ　⇒　野菜
　2、導入単語　⇒　carrot, potato, onion, cabbage, tomato,
　　　　　　　　　　cucumber, radish, green pepper
　3、導入文　⇒　I don't eat
　（トピックス「果物」の時に「I eat 」をすでに導入しているということを前提。復習の時に「果物」の復習セットで「I eat」の文を復習済み）
　4、歌を創作するときに、I don't eatだけでなく、その前に導入してある「I eat」の文も入れる。(「きらきら星」のメロディーで)

　　　I eat a carrot.　I eat a potato.
　　　I eat an onion.　I eat a cabbage.
　　　I don't eat a tomato.　I don't eat a cucumber.
　　　I don't eat a radish.　I don't eat a green pepper.
　　　I eat a carrot.　I don't eat a tomato.

   I eat an onion. I don't eat a radish.

5、授業を行ってから２，３年たち、導入文セットをすべて教えた場合には、下記のようにすべての文を導入して歌を創作することができます。(「きらきら星」のメロディーで)

   I eat a carrot. I don't eat a potato.
   Do you eat an onion? Yes. I eat an onion.

   I eat a cabbage. I don't eat a tomato.
   Do you eat a cucumber? No. I don't eat a cucumber.

   What do you eat? I eat a radish.
   What do you eat? I eat a green pepper.

(g) 創作英語ゲーム作成法

  チャンツと歌を使って導入単語と導入文を繰り返し練習させた後、ゲームによって使う訓練を行うことはすでに学んでいますが、ここではそのゲームをもっと発展させて利用できるように、どのようにゲームを創作したらいいのかを習得しましょう。

  まず、ゲームを創作するときに下記の事項に注意してください。

  1、 勝ち負けを中心としたものではなく、最後まで全員が参加しできるものにする。
  2、 ゲームにルールがあまりない、シンプルなものにする。
  3、 子どもたちがたくさん発話できるものにする。

ゲームの創作　参考例　1

1、　トピックスを選ぶ　⇒　お店
2、　導入単語　⇒　flower shop, butcher, book shop, chemist, bakery, fish shop, supermarket, toy shop
3、　導入文　⇒　I go to the．．．．．．．．．．．．．．．
4、　ゲーム内容：
　　① フラッシュカードを教室の壁に散らばせて貼る。
　　② 子どもたちを教室の真ん中に集めて、ゲームに参加する順番を決める。
　　③ サポートクエッションの"Where do you go？"を全員で言わせ、順番どおり、一人ずつに自分の行きたい場所を答えさせて、その場所に行かせる。

ゲームの創作　参考例　2

1、　トピックスを選ぶ　⇒　月
2、　導入単語　⇒　January, February, March, April, May, Jun, July, August, September, October, November, December
3、　導入文　⇒　When is your birthday？ It's in．．．．．．
4、　ゲーム内容：
　　① 月がわかるようにしたカード（フラッシュカードを縮小したものでも可）を用意する。
　　② カードを床に広げて置き、その周りに子どもたちを座らせる。
　　③ "When is your birthday？"を全員で言わせ、順番どおり、一人ずつに自分の誕生月のカードを取らせながら、"It's in．．．．．．"と答えさせる。

(h) 創作英語絵本作成法

　　子どもたちへの英語教育に英語の絵本を取り入れる場合、気をつけなければならないことがあります。それは、ほとんどの英語の絵本はネイティブイングリッシュスピーカーの子どもたち用であるということです。日本の子どもたちが日本の童話絵本をお母さんに読んでもらうのと同じに英語の絵本は英語圏の子どもたちにとって、単語力を増やしたり、さまざまな表現力を身につけたりするために、とても重要なものです。ところが、その目的である英語の絵本を、英語を母国語としない日本の子どもたちに読んであげたり、読ませたりすることは、英語を余計に難しくしてしまう原因になりかねません。

　　日本の子どもたちの英語教育に英語の絵本を取り入れるには、段階的に適切な方法で取り入れる必要があります。そのために、日本の子どもたちが英語を習得するのにふさわしい英語の絵本の選び方とそれを土台に、日本の子どもたちの英語習得に合わせてアレンジする方法を習得しましょう。

　　まず、英語絵本をアレンジするときの注意事項です。

　　1、ストーリーはすでに子どもたちが知っているものを選ぶこと。
　　2、子どもたちが覚えた単語と文をできるだけ多く話の中に入れ、わかりにくい場合は、日本語訳を英文の前に入れること。
　　3、読むばかりでは子どもたちが飽きてしまうため、話の途中で子どもたちが知っている英文を使って質問を入れ、子どもたちに答えさせるようにすること。

　　それでは、実際に作ってみましょう！

英語絵本のアレンジ　参考例

1、ストーリーを選ぶ⇒うさぎとかめ（The Hare and the Tortoise）
2、内容を確認する ⇒

① Once there was a hare and a tortoise. The hare was quick and agile, while the tortoise was slow and plodding. Every day, the speedy hare would tease the slowpoke tortoise.
"You're the slowest, most creep—along character I ever met. How you get from here to there before sunset is beyond me!" Usually the timid tortoise would ignore the hare. But one day he'd had enough teasing.

② "So you think I'm a slowpoke, huh？ Why, I bet I can beat you in a race any day," said the tortoise to the hare in front of all their neighbors and friends. "Well let's just see about that," laughed the hare. Moments later the race was set, and the hare and the tortoise agreed that the fox, who was fair and wise, would be the judge.

③ The hare and the tortoise took their positions at the starting line.
"On your mark...get set...go！" shouted the fox. No sooner had the fox said "go！" than the hare was off in a flash. As for the tortoise, he scratched his head, dug in his heels and started on his way.

④ Slowly, the creep—along tortoise passed the fox and each of his neighbors. "He'll never make it," mumbled the raccoon to the opossum. "Slow as molasses," whispered the field mouse. "I know you can do it！" cheered the tortoise's best friend, the snail.

⑤ In the meantime, eveyone could see the hare far up ahead, breezing quickly along over a hill. But the tortoise just kept going as best he could.

⑥ Just as soon as he was out of sight of the onlookers, however, the hare yawned and stretched. He looked over his shoulder and saw the tortoise lumbering along far behind. "He'll never catch up,"the hare thought confidenty. "I think I'll take a quick nap." Then he sat in the soft grass and leaned his head against a tree trunk. The hare was fast asleep by the time the tortoise reached the top of the hill. But the tortoise just kept walking on as best he could.

⑦ On and on the tortoise trudged, until he reached the finish line. He had won the race! "Hip, hip, hooray!" exclaimed the snail.
"Congratulations!" shouted the fox. "We knew you could do it!" said the opossum and the raccoon. All the cheers woke the hare. And
when he stood up and saw that the creep—along tortoise had finished the race ahead of him, he was ashamed of his boasting.

3、 日本の子どもたちに合った表現に変える ⇒

① There is a rabbit and a turtle. The rabbit is quick, but the turtle is slow. Everyday, the rabbit said to the turtle, "You are slow, you are slow!"

② One day, the turltle said to the rabbit. "I'm not slow. I'm not slow. I want to race you!"

③ There is a raccoon, a fox, a mouse and a snail. The rabbit and the turtle are at the starting line.

The fox said to them, "Ready?... Go!"
The rabbit is so fast. But the turtle is so slow.

④ The raccoon said to the fox, "The rabbit will win!"
"The snail said to the mouse, "The turtle will win!"

⑤ The rabbit runs so fast. The turtle walks so slow.

⑥ The rabbit is faster than the turtle. The rabbit sat on the grass and yawned. "I'll take a nap."

⑦The turtle walks so slow. But finally, the turtle won the race!
The snail and the mouse said, "Hip, hip, hooray!"
The raccoon and the fox said, "Congratulations!"
The rabbit said to the turtle, "I'll never say you are slow."

4、 英語だけではわかりにくい場合は、日本語訳を英文の前に入れる ⇒

① あるところに、ウサギとカメがいました。
There is a rabbit and a turtle.
ウサギはとても早く走ることができますが、カメはとてもゆっくりです。
The rabbit is quick, but the turtle is slow.
毎日、ウサギはカメにいいました。
Everyday, the rabbit said to the turtle,
「君はのろまだね。君はのろまだね。」
"You are slow, you are slow!"

②ある日、カメはウサギにいいました。
One day, the turltle said to the rabbit.
「僕はのろまなんかじゃないよ。僕はのろまなんかじゃないよ。僕は君と競争したいよ。」
"I'm not slow. I'm not slow. I want to race you!"

③アライグマとキツネとネズミとカタツムリがいます。
There is a raccoon, a fox, a mouse and a snail.
ウサギとカメはかけっこのスタート地点にいます。
The rabbit and the turtle are at the starting line.
キツネがいいました。
The fox said to them,
「用意　ドン！」
"Ready?...Go！"
「ウサギはなんて早いのでしょう。」
"How fast the rabbit is！"
「カメはなんて遅いのでしょう。」
"How slow the turtle is！"

④アライグマがキツネにいいました。
The raccoon said to the fox,
「ウサギが勝つよ！」
"The rabbit will win！"
カタツムリがネズミにいいました。
The snail said to the mouse,
「カメが勝つよ！」
"The turtle will win！"

⑤ウサギはとても早く走ります。
The rabbit runs so fast.
カメはとてもゆっくり歩きます。
The turtle walks so slow.

⑥ウサギはカメより速いです。
The rabbit is faster than the turtle.
ウサギは草の上に座って、あくびをしました。
The rabbit sat on the grass and yawned.
「お昼寝しよう！」
"I'll take a nap."

⑦カメはとてもゆっくり歩きます。
The turtle walks so slow.
でも最後に、カメは競争に勝ちました。
But finally, the turtle won the race !
カタツムリとねずみはカメにいいました。
The snail and the mouse said to the turtle,
「ヒップ　ヒップ　フレー！」
"Hip, hip, hooray！"
キツネとアライグマはカメにいいました。
The fox and the raccoon said to the turtle,
「おめでとう！」
"Congratulations！"
ウサギはカメにいいました。
The rabbit said to the turtle,
「僕はもう決して君にのろまだなんていわないよ。」
"I'll never say you are slow."

5、 子どもが飽きないようにするには、お話の所々に生徒が答えることのできる状態あるいは質問を入れてあげるとよい ⇒

①教師「あるよ、あるよ」　生徒 "There is"
教師は絵本のウサギを指さして生徒に
"There is a rabbit."
カメを指差して生徒に
"There is a turtle."と言わせる。

教師はウサギとカメを交互に指差しながら、
"Yes, there is a rabbit and a turtle."　と言う。
教師は速い動作と遅い動作をしながら、
"The rabbit is fast, but the turtle is slow."と言う。

Everyday, the rabbit said to the turtle, "You are slow, you are slow！"

155

②教師はカメを指して
"What's this？"と聞き、生徒に"It's a turtle."と答えさせる。
また、ウサギも指差して"What's this？"を聞き、生徒に"It's a rabbit"と答えさせる。

One day, the turltle said to the rabbit. "I'm not slow. I'm not slow. I want to race you！"

③教師「あるよ、あるよ」　生徒 " There is "
教師は絵本のアライグマを指さして生徒に " There is a raccoon."
キツネを指差して生徒に "There is a fox."、ネズミを指差して生徒に "There is a fox."と言わせる。そして教師は順番に動物を指しながら、"There is a accoon, a fox, a mouse and a snail."と言う。

The rabbit and the turtle are at the starting line. The fox said to them, "Ready？... Go！"

教師「みんなも一緒に、"ready？ go！"」と言って、
生徒に "Ready？ Go！"と言わせる。

The rabbit is so fast. But the turtle is so slow.

④The raccoon said to the fox, "The rabbit will win！"
The snail said to the mouse, "The turtle will win！"

教師「みんなはどう思う？」と生徒に聞いて、"The rabbit will win！"
"The turtle will win！" と言って、生徒に手を上げさせる。
生徒にその文を一緒に言わせてもいい。

⑤教師が "The rabbit run so fast."と言って、生徒にも繰り返し言わせる。また、"The turtle walk so slow."と言って、この文も生徒に繰り返し言わせる。

⑥教師が生徒に「どっちが早い？　Which is faster, the rabbit or the turtle？」と聞く。生徒が "The rabbit"と言うので、教師は

"Yes. The rabbit is faster than the turtle."と言う。
The rabbit sat on the grass and yawned. "I'll take a nap."

⑦The turtle walk so slow. But finally, 教師は「カメがレースに勝ったよ。」と言ってから、"the turtle won the race!"と言う。生徒にも繰り返させる。

The snail and the mouse said, "Hip, hip, hooray!" 生徒にもこれを繰り返し言わせる。

The raccoon and the fox said, "Congratulations!" 生徒にもこれを繰り返し言わせる。

The rabbit said to the turtle, "You won! I'll never say you are slow."

（ⅰ）創作英語劇作成法

　　子どもたちへの英語教育に英語の劇を取り入れる場合、子どもたちが知っている物語を選びましょう。英語の絵本から劇を作るほうが簡単にできますので、今回はその方法を習得していただきます。

<u>英語劇のアレンジ　参考例</u>

1、ストーリーを選ぶ⇒うさぎとかめ(The Hare and the Tortoise)
2、内容を確認する　⇒

① There is a rabbit and a turtle. The rabbit is quick, but the turtle is slow. Everyday, the rabbit said to the turtle, "You are slow, you are slow!"
② One day, the turltle said to the rabbit. "I'm not slow. I'm not slow. I want to race you!"

↓

場面1

ナレーター： あるところに、ウサギとカメがおりました。
ウサギ："Hello! How are you!"
カメ： "I'm fine, thank you! How are you?"
ウサギ："I'm fine, thank you! Where are you going?"
カメ："I'm going to the hill."
ウサギ："I'm going to the hill, too. Why don't you race me?"
カメ："O.K! It's a very good idea!"
ウサギ："I'm sure I'll win. Because you are so slow."
カメ："I'm not slow. So I'll win!"

③ There is a raccoon, a fox, a mouse and a snail. The rabbit and the turtle are at the starting line. The fox said to them, "Ready?...Go!" The rabbit is so fast. But the turtle is so slow.
④ The raccoon said to the fox, "The rabbit will win!" The snail said to the mouse, "The turtle will win!"
⑤ The rabbit runs so fast. The turtle walks so slow.

↓

場面2

ナレーター：ウサギとカメは丘まで競争することになりました。アライグマとキツネとネズミとカタツムリが応援にかけつけました。
キツネ："Ready? Go!"
アライグマ："The rabbit runs so fast!"
ネズミ："The rabbit will win!"
キツネ："The turtle walks so slow!"
カタツムリ："But the turtle will win!"

⑥The rabbit is faster than the turtle. The rabbit sat on the grass and yawned. "I'll take a nap."

↓

場面3

ナレーター：ウサギはどんどん走ってとうとう丘のふもとまでやってきました。カメはまだまだ遠くにいます。
ウサギ："I'll take a nap."
ナレーター：ウサギはお昼寝を始めました。カメはゆっくりゆっくり歩いています。

⑦ The turtle walks so slow. But finally, the turtle won the race!
The snail and the mouse said, "Hip, hip, hooray!"
The raccoon and the fox said, "Congratulations!"
The rabbit said to the turtle, "I'll never say you are slow."

↓

場面4

ナレーター：ウサギはまだお昼寝中です。カメはゆっくりゆっくり歩いて、とうとう丘の頂上につきました。
カタツムリ："Hip, hip, hooray!"
ネズミ："Hip, hip, hooray!"
アライグマ："Congratulations!"
キツネ："Congratulations!"
ナレーター：みんなが騒ぐ声に目を覚ましたウサギは急いで丘まで走ってきました。
ウサギ："I didn't win. Congratulations! I'll never say you are slow."

(j) 確実に英語力が身に付く教材開発

　　現在、日本ではたくさんの教材が児童英語教育用として販売されています。しかし、その多くは、英語圏の子どもたち、あるいは英語を話す機会の多い国の子どもたちにふさわしいもので、日本のようにほとんどといっていいほど英語を話す機会のない国の子どもたちにはあまりふさわしいとはいえません。

Part1〜Part4で学んだように、日本の子どもたちが英語を身につけるためには、日本の子どもたちが日本語を生活の中で物事と一緒に知識として身につけてきた過程の中に取り入れていく必要があります。それには、新しく学ぶことを英語で取り入れる方法ではなく、すでに日本語で身に着けている知識に英語を貼り付け、それを使う状況・環境の中で感覚的に使えるよう、子どもたちを訓練していく必要があります。そして、そのことが勉強しているということではなく、楽しみながら自然にできなければなりません。そのための教材開発はとても重要です。

　それでは、子どもたちに英語を教えるためにふさわしい教材にはどのようなものがあるのかを考えてみましょう。
　　1）フラッシュカード
　　2）カード
　　3）絵本
　　4）CD
　　5）ビデオ・DVD

　大きく分けて、上記の5つがあげられますね。フラッシュカードは単語を導入するときや文を導入した後、チャンツや歌、ゲームをさせるときに、とても役立ちます。また、カードもフラッシュカードと同じように導入単語をカードにするとゲームなどを行うときにとても便利です。両方とも、作成するときには、絵だけで、文字（アルファベット、ひらがな）は書かないように気をつけてください。理由はすでに学んでいるとおり、英語は右脳を使った感覚的な言語であり、その感覚的な言語を感覚的に身につけさせようとするときに文字を見せてしまうと、左脳が理論的にとらえようとせっかくの右脳の働きを妨害してしまうからです。また、絵本、CD、ビデオ・DVD教材ですが、教師や親の嗜好で選びやすいため注意が必要です。

　絵本について言えば、市販されているほとんどが、英語圏の子どもたち用のもので、内容が簡単そうにみえても、日本の子どもたちにとってはかなり高度です。日本の子どもたちが日常生活の中で日本語を自然に身につけ、単語力や表現力を豊かにするために絵本が必要なように、英語圏の子どもたちも英語の絵本を通して、単語力や表現力を

身につけます。その英語の絵本を、英語力のない、また生活の中で自然に英語を身につける機会のない日本人の子どもたちに使うということは、絵本にある英文をただ単に暗記させるという結果に終わってしまいます。それどころか、英語って難しいという印象を与えがちです。
　絵本を教師自身で子どもたちの英語力にあったように創作することが一番よい方法ですが、それができない場合には、市販の絵本を使って、簡単な英文に変えたり、日本語で説明を加えたりして、子どもたちが無理なく、理解できるようにしてあげましょう。

　ＣＤ教材ですが、歌をこどもたちに教えるときについ使いがちですが、英語圏の人が歌っている英語は機械と通して聞くと、とてもわかりにくいものです。耳から言葉は覚えますが、音だけでなく、そのときの口の形を一緒に見ることにより、その言葉を明確に把握することができるのです。ＣＤ教材では、口の形を見せることができないため、音だけではなかなか聞き取ったり、覚えたりすることは難しいです。どんな歌なのかを把握させるために聞かせるという目的でＣＤ教材を使う場合にはいいですが、ＣＤで歌を覚えさせようとすることはしないほうがいいでしょう。

　ビデオやＤＶＤ教材ですが、言葉を口の形をみせながら覚えさせるという意味では、ＣＤ教材よりは効果的ですが、英語圏の子ども用のものがほとんどで、話すスピードが速く、言葉もいろいろな英語表現がでてくるため、聞き取って覚えるという作業ができないままに、英語の言葉が流れていってしまうということになりがちです。ビデオやＤＶＤ教材は、英語圏の人たちの会話を生で子どもたちに見せるためのいい機会になりますが、そこから英語力をつけさせるということはとても難しいです。

　絵本・ＣＤ・ビデオ・ＤＶＤを使って、英語を話す環境にない日本の子どもたちに英語を教える場合、日本人の子どもたちの英語教育にあったものでなければなりません。日本の子どもたちにふさわしい英語教材の開発を個人ですることはとても大変なので、市販のものを購入し、絵本の場合は日本の子どもたちに合わせてアレンジ、ＣＤ・ビデオ・ＤＶＤは、それぞれのもっている特長をきちんと把握した上で、使い方の工夫をするといいでしょう。

Part 6　小学校での英語指導法

　Part1、2, 3では、児童英語教師になるために必要な心理学、子どもたちの成長と発達、実際に子どもたちに英語を教えるためのノウハウ、そして、それをどのように授業に結び付けていったらいいかという実践的メソッドを学びました。Part4では、英語圏の人たちが無意識に使っているネイティブ英文法の簡単解釈法であるEELS(Easy English Learning System)を学びました。Part5では、Ameaが開発した数々の能力開発トレーニング法、子どもたちに英語を教える場合に効果的なアクティビティーの創作法、教材開発の仕方などを学びました。Part6では、小学校での英語教育について学びましょう。

＜　小学校でのふさわしい英語教育とは　＞

　現在、日本で行なわれている小学校での英語教育に対する取り組みは、決して成功しているとは言えません。それどころか、学識者や英語教師、ALTたちがそれぞれ個人的見解によって、英語教育そのものをかき乱しているのが現状です。迷惑を受けているのは子どもたち。そんな中で、小学校での英語教育がコミュニケーションの手段として楽しく学びながら、中学英語にまでつなげられる系統立てられた英語指導法をAmeaメソッドが確立しています。その指導法を習得いたしましょう。

　まず、小学校で教える英語の期間は１年生から６年生までの６年間とします。英語を小学校で正規の授業とするかどうかは未定ですが、毎日１０分から１５分間を英語の時間に設定すると、小学校で履修しなければならない現行の教科に影響を与えずに、英語教育を行うことができます。

　小学校で教える場合も、同じように濃縮ジュースプランを作成します。英語教育ができる年間週数を数え、それに合わせてトピックスを決めます。このトピックスは１年生から６年生まで同じものを使用します。例えば、３５週間、英語を教えることができれば、３５のトピックスを、３０週間、英語を教えることができれば、３０のトピックスを選びます。トピックスは子どもたちの身近なもの、覚えておいて欲しいものなどにします。

小学校で英語を教える場合にふさわしいトピックス参考例

あいさつ、アルファベット、数、色、家族、天気、動作、おやつ、ペット、身体（顔、身体）、果物、動物、乗り物、野菜、虫、文房具、食べもの、形、遊具、スポーツ、身につけるもの、時間、楽器、曜日、学校、店、建物、場所、家の中（ベッドルーム、リビングルーム、キッチン、バスルーム）、自然（海、山、川）、季節、町の中、月、感情、病気、職業、国

　トピックスが決まりましたら、そのトピックスに合った単語を8個ずつ選びます。この単語は基本的なもの、身近なもの、覚えておいて欲しいものなどにします。トピックスによっては、導入単語がなく、文で導入するものもあります。下記を参考に選んでください。

小学校で英語を教える場合にふさわしい英単語参考例

数) one, two, three, four, five, six, seven, eight, night, ten, eleven, twelve, thirteen, fourteen, fifteen, sixteen, seventeen, eighteen, nineteen, twenty, thirty, forty, fifty, sixty, seventy, eighty, ninety, one hundred

色) color, red, blue, white, green, yellow, black, brown, pink, purple, orange, gray, gold, silver

家族/人) father, mother, brother, sister, grandfather, grandmother, aunt, uncle, cousin, friend, baby, boy, girl, man, men, woman, women, child, children,

代名詞) I, my, me, mine, we, our, us, ours, you, your, yours, she, her, hers, he, his, him, they, their, them, theirs, it, its, this, these, that, those

天気) the sun, rain, snow, wind, cloud, sunny, rainy, windy, snowy, cloudy,

おやつ) cake, chocolate, ice cream, pudding, biscuit, jelly, cookie, pan cake, fruit salad, chips

飲み物) juice, milk, tea, water, coffee

身体（人/動物) body, nose, mouth, lips, chin, ear(s), eye(s), cheek(s), tongue, tooth(teeth), eyebrow(s), face, hair, head, neck, shoulder(s), chest, tummy, back, bottom, knee(s), leg(s), foot(feet), toe(s), arm(s), hand(s), elbow(s), finger(s), thumb, beak, hump, feather, tail, trunk, horn, wing

果物) fruit, apple, orange, peach, banana, pineapple, watermelon, cherry, strawberry, lemon, melon, grapes, pear, apricot, grapefruit, plum, fig, persimmon, blueberry, chestnut, mango

ペット/身近な生き物) pets, dog, cat, rabbit, turtle, mouse, goldfish, frog, tadpole, snake, lizard, pigeon, snail, toad, parrot, kitten, puppy, hamster

動物園にいる動物) animals, lion, elephant, bear, tiger, giraffe, penguin, monkey, gorilla, panda, kangaroo, koala, hippopotamus, camel, pole bear, rhinoceros, zebra, ostrich, camel, bison, crocodile

牧場/森にいる動物) cow, horse, pig, sheep, fox, squirrel, mole, goat, chicken, donkey, duck, hen, bat, sheep turkey, scarecrow, rat, wolf, deer, bat, eagle, parrot, owl, swan

乗り物) vehicles, car, bicycle, truck, bus, airplane, helicopter, motorbike, train, tricycle, ambulance, fire engine, tractor, van, spaceship

野菜 vegetables, carrot, potato, onion, cabbage, tomato, green pepper, cucumber, radish, cauliflower, leek, shallot, mushroom, celery, lettuce, peas, spinach, beans, pumpkin, sweet potato

虫) insects, butterfly, bee, cicada, beetle, grasshopper, ant, spider, ladybird, bug, caterpillar, dragonfly, wasp, snail, worm

文房具) stationary, pencil, ruler, eraser, pen case, stapler, notebook, glue, pen, scissors, rubber, chalk, globe, crayon, paper

食べもの) food, meat, fish, vegetables, fruits, noodles, rice, bread, egg, ham, salad, sugar, salt, soup, bone, cheese, sausage, butter, jam, pizza, chips, pasta, cereal, honey, boiled egg, fried egg, wheat

形) shape, circle, square, triangle, rectangle, oval, star, heart, diamond, crescent, cube, cone

遊具) toys, ball, balloon, rocking horse, puppet, gun, clay, bricks, doll's house, doll, robot, dice, jumping rope, skateboard, jigsaw, teddy bear, bat, racket, helmet, target, clown, kite, rod, net, yo-yo, dinosaur, crown, witch, devil

スポーツ) sports, soccer, volleyball, basketball, table tennis, tennis, golf, badminton, baseball, archery, swimming, diving, fishing, sailing, skiing, snowboarding, archery, windsurfing, sumo wrestling, ice-skating, horse riding, cycling, jogging, rowing, rock climbing

身につけるもの) glasses, skirt, pants, shirt, socks, shoes, hat, cap, watch, jacket, apron, necklace, ring, pyjamas, slippers, pocket, belt, scarf, button, button hole, dress, zip, trousers, boots

持ち物) bag, purse, wallet, money, umbrella, mobile phone, key, handkerchief, tissue, bandage, book, camera, box

楽器) music, sound, song, instruments, piano, guitar, drum, castanets, harmonica, trumpet, xylophone, violin, recorder, bell

曜日) day, Monday, Tuesday, Wednesday, Thursday, Friday, Saturday, Sunday

時間) time, o'clock

学校) class, classroom, music room, sick bay, teacher's room, pool, gym, library, science room,

店) shop, flower shop, butcher, book shop, chemistry, bakery, fish shop, supermarket, toy shop, grocery shop

建物) bank, post office, department store, hospital, school, cinema, petrol station, police station, aquarium, factory, hotel, castle, igloo, church

場所) airport, market, amusement park, national park, train station, platform, ticket machine, farm, zoo

ベッドルーム) desk, chair, book case, toy box, bed, pillow, blanket, lamp, switch, key, racket, vacuum cleaner, iron, calendar, map, ball, computer, candle, telescope, space, planet

リビングルーム) sofa, clock, window, door, table, vase, television, picture, carpet, cushion, newspaper, radio, telephone, stairs, floor, wall, ceiling, curtain, light, fan

キッチン) knife, spoon, folk, plate, cup, glass, microwave oven, kettle, refrigerator, apron, broom, mop, sink, bottle, broom, bucket, mop, iron, cupboard, match, rubbish bin, ironing board, basket, bowl, oven, toaster, stove

バスルーム) shower, bathtub, towel, toothbrush, toothpaste, soap, shampoo, mirror, brush, toilet, toilet paper, tap, washing machine

ガレージ) tool, ladder, saw, tool box, screwdriver, nail, hammer, axe, tape measure, tack, drill, engine, wheel, battery, headlights, log, power, wheel, seat, helmet, seat belt

庭) nest, cage, kennel, fish pond, gate, chimney, roof, fence, house, shovel, bucket, tree, flower, web, cocoon, hose

海) the sun, the sea, the sky, dolphin, whale, jellyfish, starfish, shell, sand castle, yacht, lighthouse, beach umbrella, crab, island, peninsula, boat, seagull, boat, stingray, shark, pelican, seal, polar bear, pelican

山) the moon, star, mountain, lake, waterfall, forest, rock, tunnel, flag, cliff

川) river, bridge, rainbow, boat, stone, road, hill, tent, windmill, hot-air balloon

公園) sand box, jungle gym, swing, slide, fountain, flower garden, pond, seesaw, bench, kite, grass

花) rose, sunflower, lily, tulip, violet, narcissus, pansy, daisy, chrysanthemum, dandelion

季節) spring, summer, autumn, winter

気候) warm, hot, cool, cold

町の中) bus stop, crossing, street, signal, trash bin, post box, public phone, foot path, vending machine, puddle, sign

月) January, February, March, April, May, June, July, August, September, October, November, December

日) morning, afternoon, night, evening, tomorrow, today, yesterday, next week, last week, breakfast, lunch, dinner,

感情/体調/自己表現) happy, sad, scared, angry, tired, busy, hungry, thirsty, shy, naughty, clever

病院(病気/怪我) headache, stomachache, toothache, fever, cough, sore, runny nose, backache, thermometer, medicine, bandage, wheelchair, itch, walking stick, injection, cut, scratch, burn, bump, swelling bruise, x-ray, lump

職業) teacher, doctor, nurse, dentist, singer, pilot, police officer, fire fighter, photographer, musician, mechanic, farmer, artist, driver, astronaut, chef, baker, butcher, postman, painter, waiter, waitress, hairdresser, actor, actress

国) Japan, America, Australia, Korea, China, India, Italy, England, France, Greece, Canada, New Zealand

世界の人々) Japanese, American, Australian, Korean, Chinese, Indian, Italian, English, French, Greek, Canadian, New Zealander

前置詞) in, on, at, to, from, beside, under, over, above, between, near, of, for, with, if, about, out, as, up, back, after, out, down, by, behind, in front of, through, into, around, off

ジェスチャーで表せる動詞) run, jump, walk, stop, skip, hop, throw, catch, fly, ride, drive, eat, drink, fight, make, open, close, smell, bark, laugh, sit down, stand up, dig, chop, paint, break, smile, cry, listen, sing, read, cook, cut, kick, carry, dance, wash, crawl, climb, sleep, push, pull, draw, skate, turn on, turn off, wear, sweep, taste, talk, write, polish, wipe, scrub, mop, juggle, bite, put on, pick up

日本語表現と一緒に表すとわかりやすい動詞) be, have, hear, see, point, mix, fix, direct, grow, like, want, know, do, come, charge, go, get, play, give, hide, seek, work, share, feed, disappear, choose, count, fold, become, speak, find, cross, promise, refund, send, tell, hope, bake, expect, allow, show, teach, sound, feel, love, meet, introduce, excite, think, knit, watch, take, wait, sew, buy, blow, ask, bring, call, clean, fall, hold, hurt, keep, kiss, let, live, look, roll, say, use, wake, wish, splash, help, hug, hunt

味) taste, sour, sweet, salty, spicy, hot, delicious

形容詞(反対語) great-terrible, clean-dirty, kind-mean, far-near, wet-dry, top-bottom, good-bad, right-left, long-short, heavy-light, tall-short, big-little, large-small, front-back, difficult-easy, clean-dirty, nice-disgusting, interesting-boring, new-old, good-bad, yes-no, delicious-yuck, fast-slow, high-low, hard-soft, expensive-cheep, beautiful-ugly, able-unable, full-empty, honest-dishonest, wide-narrow, smooth-rough, alive-dead, quick-slow, upstairs-downstairs, quiet-noisy, strong-weak, light-dark

形容詞(その他) straight, loose, funny, scary, silly, every, pretty, cute, gorgeous, busy, dusty, a, an, any, some, well, both, fun, next, only, own, past, stripe, favorite, firm, sticky

数/量/比較を表す言葉) a, an, less, many, more, most, all, none, a lot, a few, much, little, better, best

順序を表す言葉) first, second, third, forth, fifth, sixth, seventh, eighth, ninth, tenth, eleventh, twelfth, thirteenth, fourteenth, fifteenth, sixteenth, seventeenth, eighteenth, nineteenth, twentieth

場所/位置を表す言葉) here, there, home, top, center, bottom, corner, side, inside, outside

助動詞) will, would, can, could, shall, should, may, might, must

接続詞) because, and, or, as, since, but

副詞) together, again, just, already, yet, since, before, after, once, twice, ever, never, always, away, else, far, now, then, please, than, very, well, too, very, ago, down, just, then, so

関係詞) what, who, where, when, which, whose, how, why

行事/休日) Anniversary, trip, birthday, birthday card, birthday cake, birthday present, wedding day, wedding cake, wedding present, Christmas day, Christmas card, Christmas cake, Christmas present, sleigh, Christmas tree, reindeer, fun, party, picnic, invitation

その他) joke, question, something, way, story, giant, title, author, illustrator, sentence, rest, poem, word, sound, ground, part, trap, poison, harm, spin, silk, live, sand, pirate, ship, flag, mast, count, piece, treasure, crew, meal, captain, wreck, describe, stay, care, song, noise, siren, fire, safety, the, people, house, friends, other, things

単語の後は、導入文を選びます。導入文は、覚えた単語を使うためにとても重要ですが、あまり難しい文にせずに、最初は現在形で簡単なものにします。トピックスによっては、単語導入だけで、文導入がないものもあります。

　導入文は前述の＜小学校で英語を教える場合にふさわしい英単語参考例＞の中の「ジェスチャーで表せる動詞」「日本語表現と一緒に表すとわかりやすい動詞」を参考にしてください。

<u>小学校で英語を教える場合にふさわしい導入文参考例</u>

あいさつ	Hello How are you? I'm fine, thank you. What's your name? My name is …… Nice to meet you.　Nice to meet you, too. Good-by. Good morning. Good night.
アルファベット	A－Z 導入単語のみで導入文はなし。
数	1－10 How old are you? I'm …… years old.
色	What color is this? It's …………
家族	This is my ………..
天気	How's the weather today? It's ………
動作	Stand up. Sit down. Walk. Run. Jump. Stop. Turn right. Turn left.
おやつ	I like ……….
身近な生き物	I have (a, an)………
顔	Touch.
身体	Touch.
果物	I eat (a, an) ……….
動物園	There is　(a, an)…………
乗り物	What's this? It's　(a, an)………
野菜	I eat　(a, an)……..

虫	I catch (a, an)·········..
文房具	I have (a, an)·········.
食べもの	I eat ·········.
形	What shape is this? It's (a, an)······
スポーツ	I play ············
身につけるもの	I wear (a, an)············
家畜	There is (a, an)·········..
時間	11, 12
	What time is it? It's ······ o'clock.
楽器	I play (the)············
曜日	What day is it today? It's ······
学校	I go to (the)············
店	I go to (the) ············.
建物	I go to (the) ············.
ベッドルーム	There is (a, an) ············.
リビングルーム	There is (a, an) ············.
キッチン	There is (a, an) ············.
バスルーム	There is (a, an) ············.
海	There is (a, an) ············.
山	There is (a, an) ············.
川	There is (a, an) ············.
公園	There is (a, an) ············.
季節	········.. is ·········.
町の中	There is ············
月	When is your birthday? It's in ······
感情	I'm ············
買物	May I help you?
	Can I have that?
	Here you are.
	How much?
	2 dollars.
	Here you are.
	Thank you.
大小長短	·········.. is ·········..
病気	I have (a, an) ············.

171

職業	I want to be (a, an) …………..
国	I want to go to …………….
1日の生活(午前)	I get up at 7 o' clock.
	I wash my face.
	I eat breakfast at 8:00 o' clock.
	I brush my teeth.
	I go to school.
	I study English
	I play tennis.
	I eat lunch at 12:00 o' clock.
1日の生活(午後)	I go back home at 4:00 o' clock.
	I do my homework.
	I play soccer.
	I eat dinner at 7:00 o' clock.
	I watch television.
	I have a bath.
	I read a book.
	I go to bed at 9:00 o' clock.

教えるためのプランですが、下記のように１０分間レッスンとしてプランニングしましょう。

小学校で英語を教える場合にふさわしいレッスンプラン参考例

曜日	月曜日	火曜日	水曜日	木曜日	金曜日
1分	あいさつ	あいさつ	あいさつ	あいさつ	あいさつ
2分	復習	メインレッスン	メインレッスン	メインレッスン	復習
2分	メインレッスン				歌
2分					ゲーム
2分					
1分	終りのあいさつ	終りのあいさつ	終りのあいさつ	終りのあいさつ	終りのあいさつ

◆月曜日： あいさつ

Hello. How are you? I'm fine, thank you!
How are you? I'm fine, thank you!
など、簡単なあいさつの他、授業で導入した文であいさつの時に使えそうなものはどんどん取り入れて、子どもたちに発話の機会を作る。例えば、
What day is it today? It's Monday.
（その日の曜日によって答えが変わる。）とか、
How's the weather today?
It's sunny.（その日の天気によって答えが変わる。）など。

復習　前週の復習を行う。

メインレッスン

We are going to study about…..
（トピックスを英語、日本語、英語の順に言う。例えば、animals, 動物, animals）

単語導入．．．　8個のうち、2個の単語をフラッシュカードで導入、練習させる。
文導入．．．　導入文を導入する。単語は導入した2個の単語で練習させる。
チャンツ．．．　導入した文と単語でチャンツをする。

終りのあいさつ

That's all for today. と言って終わる。終りかたは簡単にして、いろいろ話さず、すぐに終わる。もちろん1分はかからないが、プランニングの時は時間の調整ができるように1分としておく。

◆火曜日： あいさつ　月曜日と同じ。

メインレッスン

We are going to study about……
　（トピックスを英語、日本語、英語の順に言う。例えば、animals, 動物, animals）

単語導入…．月曜日に導入した単語2個を復習させてから次の2個の単語をフラッシュカードを使って導入、練習させる。

文導入…月曜日に導入した文を使って、月曜日に導入した単語2個とこの日に導入した2個の単語の計4個の単語を入れて、練習させる。

チャンツ…導入した文と単語4個でチャンツをする。

終りのあいさつ　月曜日と同じ。

◆水曜日：　あいさつ　月曜日、火曜日と同じ。

メインレッスン

We are going to study about……
　（トピックスを英語、日本語、英語の順に言う。例えば、animals, 動物, animals）

単語導入…．月曜日と火曜日に導入した単語4つを復習させてから次の2個の単語をフラッシュカードを使って導入、練習させる。

文導入…月曜日に導入した文を使って、月曜日と火曜日に導入した単語4個とこの日に導入した2個の単語の計6個の単語を入れて、練習させる。

チャンツ…導入した文と単語6個でチャンツをする。

　　　　　　終りのあいさつ　月曜日、火曜日と同じ

◆木曜日：　あいさつ　月曜日、火曜日、水曜日と同じ。

　　　メインレッスン

　　We are going to study about……
　　（トピックスを英語、日本語、英語の順に言う。例えば、
　　animals, 動物, animals）

　　　単語導入．．．．月曜日、火曜日、水曜日に導入した単語6個
　　　　　　　　　を復習させてから次の2個の単語をフラッシュ
　　　　　　　　　カードを使って導入、練習させる。

　　　文導入．．．月曜日に導入した文を使って、月曜日、火曜日、
　　　　　　　　水曜日に導入した単語6個とこの日に導入した
　　　　　　　　2つの単語の計8個の単語を入れて、練習させる。

　　　チャンツ．．．導入した文と単語8つでチャンツをする。

　　　終りのあいさつ　月曜日、火曜日、水曜日と同じ。

◆金曜日：あいさつ　月曜日、火曜日、水曜日、木曜日と同じ。

　　　復習

　　　月曜日、火曜日、水曜日、木曜日に導入した単語8個をフ
　　　ラッシュカードを使って復習させる。月曜日に導入した文
　　　に8個の単語を入れて復習させる。月曜日に導入した文と
　　　単語8個でチャンツをする。

　　　歌　月曜日に導入した文と単語8個使って替え歌を歌う。

> ゲーム

小学校のクラスで行うゲームは人数が多いため、工夫が必要である。カードゲームなどを行う場合は5，6人のグループに分ける。また、全員で体を動かすゲームは体育館や校庭など、広い場所を選んで行うこと。

グループでゲームを行う場合は、簡単なルールで誰でもすぐにできるものにする。日本語できちんとわかりやすくゲームの説明をしたら、グループに分かれてゲームをさせる。ゲームをしている間、教師は各グループのゲーム進行状況をチェックすること。

全員で行うゲームは、時間がかかりやすい。この場合は、レッスンの始めから広い場所に移動し、あいさつ、復習をすばやく済ませてから、歌を省略し、すぐにゲームを行うようにするとよい。全員参加型のゲームではなかなか全員が発話することが難しいので、英語のできる子だけが楽しめるような内容にしないように気をつけること。

> 終わりのあいさつ　月曜日、火曜日、水曜日、木曜日と同じ。

　小学校で担任が英語を教える場合、一番気になるのが英発音ではないでしょうか。でも、それも心配することはありません。単語導入のときにPar3のフォニックスで学んだ英発音に忠実に従って発音すれば、それで完璧！　絶対にネイティブイングリッシュスピーカーのような発音ができなくても大丈夫なのです。
　それは、裏を返せば、絶対にネイティブのようには発音できないということです。イタリア人はイタリアなまりの英語を話します。フランス人はフランスなまりの英語を話します。イギリス人だって、地方の方たちはそれぞれのなまりのある英語を話します。アメリカ人の英語もかなりのなまりがあるようです。だから、日本人だって、日本人なまりの英語でいいのです。ただし、英発音を正しく発音するということが条件です。

英発音をPart3のフォニックスで学んだようにきまりどおりに発音すれば、日本人なまりの英語でも十分、英語圏の人たちに通じます。発音を強調して、ゆっくり話せば、日本人の英語は英語圏の人たちにとってとても聞きやすいようです。ですから、自信を持って、英語を教えてください。

　また、クラスで英語を教え始めると、周りの影響で、歌とかチャンツとかゲームで生徒を楽しませなければならないと錯覚してしまう場合があります。子どもたちは自ら努力することによって得ることができる達成感から満足感が生まれ、その満足感によって楽しいという気持ちが起きてきます。教師が最初から楽しませようとすると、かえってあきてしまったり、楽しいことが当たり前になってしまって逆に楽しめなくなったりします。
　子どもたちが努力したいと思えるような授業が一番、子どもたちにとって必要です。それは、英語教育だけに言えることではありません。すべての教科に言えることです。子どもたちが努力したいと思える授業をすれば、必ず子どもたちに成果はでます。自信を持って、Ameaメソッドを使って英語を教えてあげてください。

Ameaメソッドは全国一律環境設定ができる小学校英語教育メソッドです！

Part 7　能率的な簡単一般・シニア英会話指導法

　Part1、2, 3では、児童英語教師になるために必要な心理学、子どもたちの成長と発達、実際に子どもたちに英語を教えるためのノウハウ、そして、それをどのように授業に結び付けていったらいいかという実践的メソッドを学びました。
　Part4では、英語圏の人たちが無意識に使っているネイティブ英文法の簡単解釈法であるEELS(Easy English Learning System)を学びました。Part5では、Ameaが開発した数々の能力開発トレーニング法、子どもたちに英語を教える場合に効果的なアクティビティーの創作法、教材開発の仕方などを学びました。Part6では、小学校での英語教育について学びました。Part7では、能率的な簡単一般・シニア英会話指導法を学びましょう。

＜　効果的＆能率的な英会話指導法とは　＞

　Ameaの児童英語教師養成講座で学んだ教授法を使って、一般・シニアの方たちにも教えることができます。それでは、子どもたちに教えるときに使った濃縮ジュースプランニング法を使って、一般・シニア用の濃縮ジュースプランを作ってみましょう。

　　　1、英会話を学ぶ目的を明確にする。
　　　　　　　まず、どうして英会話を学びたいのか、英会話を学ぶ目的は何かをはっきりさせましょう。海外旅行のため、友人とのコミュニケーションのため、海外に滞在するためなど。

　　　2、目的に応じたトピックスを考える。
　　　　　　　目的を旅行にした場合、その旅行に必要なトピックスを考える。例えば、税関での会話、ショッピング、レストランでのオーダーのしかた、銀行での両替、ホテルでのチェックイン・チェックアウト、観光のときに必要な会話など。日常会話ができることを目的とする場合は、近所の人たちとのあいさつ、自己紹介、電車やバスのチケットの買い方、フードコートでのオーダーのしかた、銀行口座開設のときに必要な会話、郵便局で郵便を送るときに必要な会話など。

3、トピックスに応じた会話を考える。

それぞれのトピックスの状況に応じた会話を考える。基本的な会話をまず考えて、そこから応用として、いろいろなケースを想定し、会話を広げていく。例えば、トピックスをシッピングとした場合、下記のように会話とその応用を考えるとよい。

例：

	店員	May I help you?
	客	Yes, please.
		I'm looking for a gold ring with a black opal.
	店員	No problem, I can show you some beautiful rings.
		These are 18 karat rings and high quality opals.
		These opals have small differences in colours.
		Which colour do you like?
	客	I like this one.
		How much is it?
	店員	It is ＄1200.
	客	Sorry, it's too much for me.
		Could you show me a cheaper one?
	店員	Certainly.
		How about this? It is ＄480.
	客	It's great.
		I'll take it.
	店員	It is suitable for you.
	客	Thank you. Here is ＄480.
	店員	Thank you. See you again.

☆ これらの会話を自分で作ることが難しい場合は、日常英会話の本でトピックスごとになっているものを参考にするとよい。

4、考えた会話から広がる応用英会話を考える。

例1:　　　店員　　May I help you？
　　　　　　客　　　No, I'm just looking, thank you.

例2:　　　店員　　Can I show you some beautiful rings？
　　　　　　客　　　Yes, please.

例3:　　　店員　　Which stone do you like？
　　　　　　客　　　I like diamonds.

例4:　　　店員　　Which style do you like？
　　　　　　客　　　I like solitare dimonds.

例5:　　　店員　　How much do you want to spend？
　　　　　　客　　　I'm not sure, but can you show me an expensive one？

例6:　　　店員　　What do you think of this one？
　　　　　　客　　　It's beautiful. How much is it？
　　　　　　店員　　It is ＄2000.
　　　　　　客　　　I love it, and I'll buy it.
　　　　　　店員　　Thank you.
　　　　　　　　　　Would you like it gift wrapped？
　　　　　　客　　　Yes, thank you.

5、その他の応用としては、買い物をする店ごとに英単語を考える。

① 洋服店(shirt, skirt, pants, T−shirt, socks, coat, jacket etc)
② 宝石店(ring, bracelet, watch, brooch, Pendant etc)
③ お土産店(chocolate, cookies, cosmetics, souvenir etc)
④ 肉屋(beef, pork, chicken, lamb, bacon, sausage, mince etc)
⑤ 魚屋(snapper, bonito, tuna, salmon, squid, octopus etc)
⑥ 八百屋(potato, tomato, onion, carrot, lettuce, cabbage etc)

一般・シニアの方たちに英語を教える場合、英語を習う目的がはっきりしていないと、途中で飽きてしまう結果となります。またトピックスも、児童英語のときのように身近なものでイメージしやすく、覚えたらすぐに使えるものでないと、反復練習をすることが難しいために結局は無理に暗記せざるを得なくなり、結果的には覚えられない＝難しいということになってしまいます。

　英語を自然に話せるようになるには、会話をする環境・状況の中でその目的にあった言葉が自然に口から出てくるようにしなければなりません。そのためには英文を身につけるときに環境・状況設定をきちんと行い、なおかつその英文が、その環境・状況になったときに、自然に口から出てくるように覚えていかなければなりません。それを暗記だけに頼ると、忘れてしまうということが起きてきます。暗記ではなく、反復練習をしながら、自然に身につけていく方法をとれば、一般・シニアの方たちでもそれほど苦労しなくても英語を話せるようになることは可能です。

　一般・シニアの方たちへの詳細な指導法はそれだけで２、３冊の本ができてしまうくらい内容が豊富です。よって、今回は導入ということでご説明いたしました。機会あれば、一般・シニア用の英語指導教本を執筆したいと考えております。

知識と経験の豊富な洋子先生の授業にみんな納得！

Part 8　Amea式簡単日本語会話教授法

　Part1、2, 3では、児童英語教師になるために必要な心理学、子どもたちの成長と発達、実際に子どもたちに英語を教えるためのノウハウ、そして、それをどのように授業に結び付けていったらいいかという実践的メソッドを学びました。Part4では、英語圏の人たちが無意識に使っているネイティブ英文法の簡単解釈法であるEELS（Easy English Learning System）を学びました。Part5では、Ameaが開発した数々の能力開発トレーニング法、子どもたちに英語を教える場合に効果的なアクティビティーの創作法、教材開発の仕方などを学びました。Part6では、小学校での英語教育について学びました。Part7では、能率的な簡単一般・シニア英会話指導法を学びました。Part8では、Amea式簡単日本語英会話教授法を学びましょう。

＜　Amea式簡単日本語会話教授法とは　＞

　Ameaメソッドなら、英語教育だけでなく、英語圏の人たちに日本語を教えることもできます。その簡単日本語会話教授法をここで学びましょう。

　日本語を教える場合には日本語学習者の目的にあった教え方をしなければなりません。

＜１＞　日本語学習者の目的

　　　　１、日本の専門学校・大学で高度教育を受ける
　　　　２、日常生活のためのコミュニケーション（旅行なども含む）

　留学生が日本で高度教育（専門学校、短大、大学など）を受けるために必要な日本語検定合格のための日本語を教える場合、日本語教師養成専門課程を４２０時間以上受講するか、あるいは日本語教師検定資格に合格することが必要です。でも、日常生活のためのコミュニケーションとしての日本語を教える場合には、受講者が必要としている日本語が異なるため、授業内容もコミュニケーションを中心に教える必要があります。Ameaでは、コミュニケーションのための日本語を教えることができる日本語会話教師を養成します。

まず、日本語会話を教えるためには学習者たちの持っている価値観（発想と感覚）を知る必要があります。英語圏の人たちに教える場合には、いままでこのコースで学習したことがそのまま役立ちます。もう一度テキストを読み返して、復習してください。

　英語圏の人たちは「何が何なのか」「何がどうしたのか」を話の先に言うという価値観を持っていることはすでに学習しました。そのため、日本語を教えるときにも、遠まわしな言い方ではなく、ダイレクトにすぐにわかる教え方をしていかないと、すぐに飽きて学習意欲を失わせてしまうという結果になってしまいます。また、教える日本語はすぐに日常生活の中で使えるものでなければなりません。言葉を積み上げて、最終的に使えるようになるような教え方では、最終的なところまで行き着く前に学ぶことをやめてしまうということになりかねません。

　日本語学習者たちに飽きさせることなく、日本語を続けて学んでもらうためには、すぐに使える日本語、わかりやすい日本語をまず最初に教える必要があります。そのためには、しっかりとした目的を持った授業プランを作らないといけません。

　日本語会話に必要なプランは、児童英語の時に学習した濃縮ジュースプランニング法を応用します。下記を参考に、実際に日本語を教えるときに役立ててください。授業に使える資料も添付してありますので、参考にしてください。

＜２＞　日本語会話を教えるための濃縮ジュースプランニング

１、濃縮ジュースプランを作る。

　　①日本語を使う環境を考える。（トピックス）
　　　　実践的なもので、日常生活の中ですぐに使えるものを考える。
　　②導入する会話を考える。
　　　　基本的な会話文を考える。また、日本語能力によって、状況を変えての応用会話も一緒に考えるとよい。
　　③会話に必要な単語を考える。
　　　　会話を決めてから必要な単語を考える。これは児童英語とは順序が異なる。
２、毎日プラン

①初めのあいさつ

　児童英語のときは、ウオーミングアップから始まったら、大人を相手の授業なので、自然な形で授業を行うために、あいさつから授業に入る。

②復習

　児童英語のときと異なり、復習は前週のもののみ行う。児童英語のときのように何週にも渡って復習すると学習者たちが飽きてしまうので注意すること。

③メインレッスン

　単語導入　導入する会話に必要な単語を導入する。

　　　　　単語導入は児童英語と同じようにフラッシュカードを使って行う。ただし、練習があまりしつこくならないように気をつけること。

　環境設定　導入する会話にあった環境を設定する。

　　　　　英語で設定した環境を説明する。説明は簡潔にすること。

　会話導入　トピックスにあった会話を導入する。

　　　　　導入する会話は英語で意味を言ってから日本語を言い、繰り返し練習させる。このときも単語導入と同じようにあまりしつこくならないように気をつけること。会話導入はジェスチャーなどと一緒に行うとわかりやすくなる。

　ロールプレー　導入した会話を使える状況を作り、練習させる。

　　　　　覚えた日本語をすぐに使えるような状況を作り、役割を決めて会話練習させる。

④読み書き

　１、発音練習

　　　　　日本語の発音は５つのはっきりした母音と子音との組み合わせによりできていることを資料を使って教える。日本語の発音は英語圏のひとたちにとってはそれほど難しいものではない。

　２、ひらがなの書き練習

　　　　　５０音の順番どおりではなく、形の簡単なもの、例えば「い」

とか「つ」などから教えるとよい。
3、漢字の書き練習

英語圏の人たちは右脳を使って言語をつかさどっているため、イメージをすることが得意。書き順によって漢字を覚える日本人と異なり、右脳を使って、絵として漢字を捉えるために、漢字を覚えやすい。しかし、理論的に覚えるわけではないので、書き順を覚えることは難しいようで、バラバラな書き順になる場合が多い。

⑤1分間Review

児童英語のときと同じに、メインレッスンで導入した会話の復習を行う。

⑥終わりのあいさつ

That's all for today！「これで今日の授業は終りです。」など、簡単な終わりのあいさつをして授業を終りにする。

（注）レッスンの順番を毎回同じにすると、児童英語のときのように、授業がスムーズに進む。

その他、授業をするにあたり、教師として知っておいたほうがいい知識は下記のとおりです。英語での日本語紹介の本がいろいろ売り出されているので、参考にするといいでしょう。

＜3＞ 授業で教える日本の文化・生活

1) 国土と人口
2) 季節と気候
3) 信仰と宗教
4) 産業と貿易
5) 教育と学校
6) 家族と生活
7) 趣味と特技
8) 恋愛と結婚
9) 出産と育児
10) 国民性と価値観

＜4＞　授業で教える日本の行事

　　　1）　　　お正月
　　　2）　　　成人式
　　　3）　　　節分
　　　4）　　　ひなまつり
　　　5）　　　端午の節句
　　　6）　　　七夕
　　　7）　　　お盆
　　　8）　　　お月見
　　　9）　　　敬老の日
　　１０）　　　大晦日

　ところで、皆さんは日本についてどれだけのことを知っているでしょうか？日本人として、日本についての知識をしっかり持っていることは、他の国の人たちとの交流にとても大切です。日本の総人口を聞かれても、日本のそれぞれの行事にどのような意味があるのかを聞かれても答えられなかったりしたら、他の国の人たちに、「日本人はどうも日本に興味がないようだから、日本はあまりよい国ではないようだ。」というような誤解を受けさせてしまいます。

　日本人がまず、日本に興味を持ち、そして日本を知り、そして誇りに思わない限り、他の国の人たちに日本文化や日本語を教える資格はありません。この機会に、もう一度、日本を見直してみてはいかがでしょうか。

ゴールドコーストの日本語と日本の文化を教える学校「さくら学園」
初代校長として日本語教師研修中のマクマホン洋子（２０１１）

資料1

ひらがな HIRAGANA
カタカナ KATAKANA

w	l(r)	y	m	h	n	t	s	k	
わ wa ワ	ら la(ra) ラ	や ya ヤ	ま ma マ	は ha ハ	な na ナ	た ta タ	さ sa サ	か ka カ	あ a ア
	り li(ri) リ		み mi ミ	ひ hi ヒ	に ni ニ	ち chi チ	し shi シ	き ki キ	い i イ
	る lu(ru) ル	ゆ yu ユ	む mu ム	ふ hu(fu) フ	ぬ nu ヌ	つ tsu ツ	す su ス	く ku ク	う u ウ
	れ le(re) レ		め me メ	へ he ヘ	ね ne ネ	て te テ	せ se セ	け ke ケ	え e エ
を wo ヲ	ろ lo(ro) ロ	よ yo ヨ	も mo モ	ほ ho ホ	の no ノ	と to ト	そ so ソ	こ ko コ	お o オ
ん n ン									

資料2 　　　　　数字　NUMBER

	1 ichi	2 ni	3 san	4 shi/yon	5 go	6 roku	7 shichi/nana	8 hachi	9 ku/kyu
10 ju	11	12	13	14	15	16	17	18	19
20 ni-ju	21	22	23	24	25	26	27	28	29
30 san-ju	31	32	33	34	35	36	37	38	39
40 shi-ju yon-ju	41	42	43	44	45	46	47	48	49
50 go-ju	51	52	53	54	55	56	57	58	59
60 roku-ju	61	62	63	64	65	66	67	68	69
70 shichi-ju nana-ju	71	72	73	74	75	76	77	78	79
80 hachi-ju	81	82	83	84	85	86	87	88	89
90 kyu-ju	91	92	93	94	95	96	97	98	99
100 hyaku									
200 ni-hyaku									
300 san-byaku									
400 yon-hyaku									
500 go-hyaku									
600 ro-ppyaku									
700 nana-hyaku									
800 ha-ppyaku									
900 kyu-hayku									
1000 sen									

資料3　**Amea** 日本語会話濃縮ジュースプラン

トピックス	会話	導入単語
あいさつ	お早うございます。こんにちは。今晩は。さようなら。お休みなさい。ありがとうございます。ごめんなさい。すみません。	朝・昼・夜
自己紹介	初めまして。お名前は？　〜です。どうぞよろしく。	名前
数	何歳ですか？　〜歳です。	1〜100
色	何色ですか？　〜です。	赤・青・黄色・緑・黒・白・茶色・紫・橙色
家族	誰（どなた）ですか？　（わたしの）〜です。	お父さん・お母さん・お姉さん・お兄さん・妹・弟・おじいさん・おばあさん・叔父さん・叔母さん
天気	〜は〜です。	今日・明日 晴れ・曇り・雨・雪
気候	今日は、〜ですね。はい、〜ですね。 〜ですか？　はい、〜です。　いいえ、〜くありません。	暖かい・暑い・涼しい・寒い
季節	〜は〜です。	春・夏・秋・冬 暖かい・暑い・涼しい・寒い
食べ物	〜は好きですか？　はい、好きです。いいえ、好きではありありません。　きらいです。	果物・野菜・肉・魚・ごはん・パン・
果物	〜が欲しいです。　はい、どうぞ。　ありがとう。	りんご・みかん・すいか・ぶどう・もも・なし
野菜	〜をください。　いくらですか？　〜円です。	人参・じゃがいも・たまねぎ・キャベツ・ピーマン・きゅうり
気持ち	〜ですか？　はい、〜です。いいえ、〜くありません。	楽しい・つまらない・辛い・悲しい・寂しい・おもしろい
職業	お仕事は何ですか？　〜です。仕事は楽しいですか？　はい、楽しいです。　いいえ、楽しくありません。つまらないです。	仕事・警察官・消防士・教師・学生・銀行員・事務員・運転手・大工・医師・看護士
身体	どうしましたか？　〜が痛いです。大丈夫ですか？はい、大丈夫です。いいえ、大丈夫ではありません。	頭・肩・ひざ・足・手・顔・目・鼻・口・頬・顎・耳

基本動詞	〜します。　〜しました。	見る・買う・食べる・飲む・読む・書く・話す・聞く・寝る・起きる・乗る・行く・来る
電話番号	電話番号は何ですか？	０−９
存在	〜があります。	山・木・花・草・川・空・月・太陽・星・雲・海
動物	〜は好きですか？　はい、好きです。いいえ、好きではありません。	犬・猫・鳥・蜘蛛・蛇・トカゲ・熊・虎・カタツムリ・ネズミ
時間	何時ですか？　〜時です。	１−１２
場所	〜はどこですか？　〜です。	ここ・そこ・あそこ 郵便局・銀行・交番・公園・駅・バス停・映画館・トイレ・お店

Amea 児童英語教師養成講座の卒業生なんと日本語も教えられる

Part 9　日本でのこれからの英語教育のあり方

　Part1、2, 3では、児童英語教師になるために必要な心理学、子どもたちの成長と発達、実際に子どもたちに英語を教えるためのノウハウ、そして、それをどのように授業に結び付けていったらいいかという実践的メソッドを学びました。
　Part4では、英語圏の人たちが無意識に使っているネイティブ英文法の簡単解釈法であるEELS(Easy English Learning System)を学びました。Part5では、Ameaが開発した数々の能力開発トレーニング法、子どもたちに英語を教える場合に効果的なアクティビティーの創作法、教材開発の仕方などを学びました。Part6では、小学校での英語教育について学びました。Part7では、能率的な簡単一般・シニア英会話指導法を学びました。Part8では、Amea式簡単日本語英会話教授法を学びました。Part9では、日本でのこれからの英語教育のあり方を学びましょう。

＜１＞日本で行われている英語教育の現状

　まず、日本で行われている英語教育の現状を考えてみましょう。

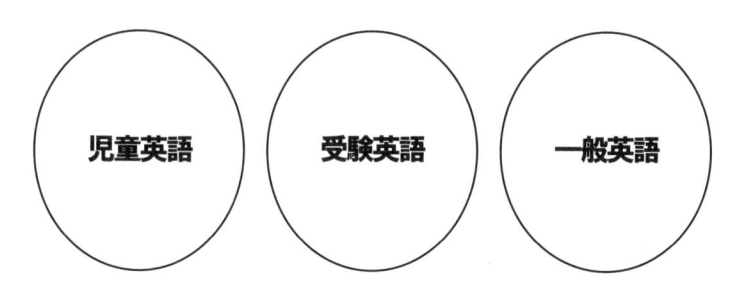

○児童英語　　○受験英語　　○一般英語

　日本の英語教育は上記のように大きく３つに分けられていますが、児童英語は児童英語、受験英語は受験英語、一般英語は一般英語とそれぞれがバラバラでつながりがありません。そして、それぞれが一兆円産業として大きく膨れ上がっています。

　せっかく児童英語で英語を勉強しても、中学になったら受験英語で難しい文法とたくさんの英単語や英文の暗記で英語嫌いになってしまう生徒も少なくありません。そして、学校を卒業したら、今度は一般英語（英会話）を最初から学び直しです。そんな日本の英語教育を早く改善していかないと、日本人は英語を勉強

することに一生振り回されることになってしまうだけでなく、多くの時間とお金を無駄につぎ込むことになってしまいます。

＜２＞　日本の英語教育改善のための理想的システム

日本の英語教育を改善するためには、下記のようなシステムが理想です。

日本人のためのピラミッド式英語教育法

			一般英語
		受験英語	受験英語
	児童英語	児童英語	児童英語
	日本語で得た知識	日本語で得た知識	日本語で得た知識
対象	幼児・小学生	中学生・高校生	専門生・大学生・一般
教師	日本人英語教師	日本人英語教師	ネイティブ英語教師

　児童英語で子どもたちが日本語で得た知識に英語を貼り付けながら英語圏的感覚を身につけさせ、受験英語でネイティブ英文法を理論的に理解させながら表現力を身につけさせ、一般英語で積極的に使わせるようにします。
　児童英語と受験英語は、日本人の子どもたちの成長過程にあったきちんとしたプランニングと知識をきちんと定着させるための授業が必要なため日本人英語教師が、一般英語は、児童英語と受験英語を習得した英語の知識をコミュニケーションの場で使えることができるようにするためにネイティブ英語教師が教えるとより効果的です。児童英語と受験英語の時期に英語圏の人に慣れるという意味でネイティブ英語教師を使いたい場合は、日本人英語教師のアシスタントとするほうがよいでしょう。

＜３＞　EELSで英語を習得する方法

　日本人が英語を習得するには、児童英語と受験英語の時期に、英語圏的感覚と発想、ネイティブ英文法を身につけさせると同時に、英語パッチ導入法を使って、できるだけたくさんの英単語力と正しい英発音を身につけさせる必要があります。

<u>英語習得のための３大要素</u>

　①ネイティブ英文法
　②英単語力
　③英発音

　この３大要素を能率的に身につけるためのメソッドが**EELS（Easy English Learning System）**です。

　EELS(Easy English Learning System)は、ネイティブ英文法・英単語力・英発音を身につけるためのラーニングシステムである。日本人が最低でも中学、高校の６年間、英語を勉強しても英語を話せるようにならない原因、英会話学校でネイティブ英語教師に英語を教えてもらっても英語を話せるようにならない原因、いくら英語の**CD, DVD,** テキストなどを買い込んで勉強しても英語を話せるようにならない原因を解明し、日本人の生活環境、価値観に合わせた、日本人にとって確実に英語力が身につく画期的な英語学習法です。

　国際社会の中で日本が生き抜いていくためには、急成長を遂げている中国など他のアジア諸国に遅れを取らないように、**EELS**を日本の英語教育の原点とし、日本の英語教育を全面的に緊急改善する必要があります。そして、日本だからできること、日本でなければできないことをきちんと世界に知らしめるために、国際語である英語を使って世界各国の人たちときちんとコミュニケーションすることのできる人材を育成することが必須です。

　日本では、英語教育を小学生のレベルまで下げることにより、英語教育の充実を図ろうとしています。そのために、民間レベルでも多くの試みが行われています。小学生に英語で授業を行うとか、家庭で英語しか使わないとか、子どもを海

外に留学させるとか、日本のアメリカンスクールに入れるとか等など。

　しかし、日本人の子ども達は生まれたときから日本語の環境の中で、日本語を学ぶことにより考える力を育てています。中途半端に英語を取り入れることにより、思考力、理解力、判断力などに影響が出てくることは避けられません。また、世界で必要とされている日本人は、日本人としての知識、マナーをきちんと備えた人材であり、英語が話せても日本のことはあまりよく理解できないというような日本人を必要としているのではありません。日本人としての誇りを持ち、日本人として世界を理解し、世界に貢献のできる日本人としての価値を持った日本人が求められているのです。

　日本人が世界で活躍するためには、英語という国際語を最低限使いこなすことが最低条件となりますが、英語はあくまでも世界各国の人たちとのコミュニケーションの手段であることを肝に銘じ、英語圏の価値観を持った日本人を作ることが目的にならないように注意する必要があります。

　EELSは、日本人としての価値観を持ちながら、英語圏の人たちの価値観で英語を理解し、使えるようになる画期的な英語習得システムです。英語は学問ではありません。言語はコミュニケーションの手段であるという性質上、習得するのには時間がかかります。そのために、小さいときから英語に触れさせることはとても重要です。日本語で知識を習得してから、その知識に英語をパッチしていくというEELSで英語を学習することにより、日本語の知識を英語で世界に提示することができるようになります。

　日本は英語教育に関して、結論を急ぐあまりに多くの間違いを犯しています。そして、その間違いを小学校のレベルまで下げ始めているのです。ある日本の企業が英語を習っている児童に対してアンケートをした結果、低学年は楽しいという回答が多かったですが、高学年はつまらないという回答が多かったということでした。「楽しい」から始まった英語も、高学年になるにつれて暗記することが増えてきて、結果的には英語嫌いを作っているのです。そのまま中学生になったら、もっと英語嫌いになってしまうでしょう。そんな児童英語教育を行うことが日本にとってプラスになるのかどうか、ここでしっかりと英語教育関係者たちは考える必要があります。

ＥＥＬＳの基本理念

1、英語で知識を教えない。
2、環境設定をした中で、すでに知識として持っている日本語に英語（単語、文とも）をパッチして教える。
3、英語圏的発想と感覚を身に付けさせるために、英語の基本文型である「主語＋動詞」の形を自然に口に出せるように訓練する。
4、教える英語（単語、文とも）の持っている意味が感覚で習得できるように、聴覚、視覚、身体、発声を伴って教える。
5、毎回のレッスンは、教える英語（単語、文とも）に集中できるようにトピックスは一つに絞る。
6、復習を十分行う。
7、アクティビティーは覚えた英語（単語、文とも）を使う場とし、授業の中心にならないようにする。
8、結論を急ぐのではなく、段階に応じた英語教育を長期的プランの中で確実に行うようにカリキュラムを立てる。

　英語を使う環境の中での必要な英語教育と英語を使う環境でない中での必要な英語教育は根本的に異なります。日本は、英語圏での子ども達への英語教育を取り入れたり、英語を話す環境にある英語圏以外の国での英語教育を取り入れたりと試行錯誤が続いていますが、英語を使う環境にない日本にふさわしい日本人のための英語教育が必要であることを認識する必要があります。

　日本語の環境の中で生まれ育っている日本人は、日本語で考え、日本語を通して知識を習得するような脳の仕組みになっています。考える力を日本語で育てていると言っても過言ではありません。よって、最近行われ始めている英語で教科を教える授業は、まだ考える力を育てている段階の日本人の子どもたちにはふさわしくありません。もちろん、大人になってから特別な知識や技術を身に付けるために、英語で授業を受けることはまったく問題はありません。すでに考える力

が備わっているので、その考える力を発揮して、英語での授業も理論的に理解することができるからです。

　英語教育は時間をかけてじっくりと繰り返しながら行う必要があります。世界に通用する英語でのコミュニケーション能力を、世界でも上位を争うくらい大きく成長した経済大国日本が備えるには、子どもの時から英語教育をスタートしないと追いつきません。日本の子どもたちに、考える力を育てている日本語できちんと知識を習得させ、なおかつ英語を自由に使えるようにする準備をするためには、子どもへの英語教育と受験英語と一般英話がきちんとつながっている、日本人のための英語教育カリキュラムを、日本の現行の指導要綱の中にうまくバランスよく取り入れることが重要です。そのためには一日も早く、Ameaメソッドで英語教育を行う必要があります。

　日本人が世界に通用する英語を話せるようになるためには、英語教育改革が必要です。難しく膨れ上がってしまった日本の英語教育を、英語圏の幼児でも話すことができる本物のネイティブ英会話の部分にまで下げ、その基本となっているネイティブ英文法を習得するところから始めることにより、日本の英語教育を大きく改善することができます。今、大切なことは、勇気を出して、現在の英語教育の間違いを認めることです。そして、一日も早く、英語教育改革を行い、一人でも多くの日本人が国際語である英語を話すことにより、日本そして日本人としての自覚と責任、そして誇りを世界の中で育てていくことが必要です。

　世界が日本に求めているものは、日本人としての才能、価値観、文化、そして日本人だからこそできること、日本人だからわかることを英語という媒体を通して、国際社会に知らしめ、そして貢献していくことです。それには、日本語で考える力を育て、知識を定着させ、応用のきく人材をまず育てる必要があります。英語教育がいくら重要であるからと言っても、英語を使う環境にない日本の子どもたちに知識を英語で教えるようなことはしてはなりません。あくまでも、日本語力を中心にして、その知識に使える英語力をパッチしていくこと、考える力と知識は日本語で養い、それを英語でも表現できるようにしていくことが大切です。

　日本での英語教育改善に対するこれからの課題は、まず、バラバラになってしまっている児童英語・受験英語・一般英語を一貫して教育できるシステムを確立し、ネイティブ英文法を取り入れ、英語教育を簡単にし、英単語力と英発音をしっかり身に付けられるようにすることです。英語を日常生活の中で使う環境にな

い日本には、その環境に合った英語教育が必要です。日本人にふさわしい英語教育のあり方をここでしっかりと考え直すことが、これからの日本の英語教育にとって重要ポイントとなるでしょう。

Amea メソッドで子どもたちも「英語ってカンターン！おもしろ～い！」

おわりに　　日本の英語教育改革必要性の理解のために

いかがだったでしょうか？
　日本人が世界に通用する英語を話せるようになるためには、英語教育改革が必要です。難しく膨れ上がってしまった日本の英語教育を、英語圏の幼児でも話すことができる本物のネイティブ英会話の部分にまで下げ、その基本となっているネイティブ英文法を習得するところから始めることにより、日本の英語教育を大きく改善することができます。今、大切なことは、勇気を出して、現在の英語教育の間違いを認めることです。そして学識者たちはこれ以上、日本の英語を複雑にしないようにすることです。日本では今、一日も早く英語教育改革を行い、一人でも多くの日本人が国際語である英語を話すことにより、日本そして日本人としての自覚と責任そして誇りを世界の中で育てていくことが必要です。

　世界が日本に求めているものは、日本人としての才能、価値観、文化、そして日本人だからこそできること、日本人だからわかることを英語という媒体を通して、国際社会に知らしめ、そして貢献していくことです。それには、日本語で考える力を育て、知識を定着させ、応用のきく人材をまず育てる必要があります。英語教育がいくら重要であるからと言っても、英語を使う環境にない日本の子どもたちに知識を英語で教えるようなことはしてはなりません。あくまでも、日本語力を中心にして、その知識に使える英語力をパッチしていくこと、考える力と知識は日本語で養い、それを英語でも表現できるようにしていくことが大切です。

　日本での英語教育改善に対するこれからの課題は、まず、バラバラになってしまっている児童英語・受験英語・一般英語を一貫して教育できるシステムを確立し、ネイティブ英文法を取り入れ、英語教育を簡単にし、英単語力と英発音をしっかり身に付けられるようにすることです。英語を日常生活の中で使う環境にない日本には、その環境に合った英語教育が必要です。日本人にふさわしい英語教育のあり方をここでしっかりと考え直すことが、これからの日本の英語教育にとって重要ポイントとなるでしょう。

この本には、私が３８年の年月をかけて実際に英語教育に携わりながら、研究を重ねて開発したAmeaメソッドがぎっしり詰まっています。すべてのメソッドを一冊にするのは、とても無理なので、今回は基本的概念と簡単な応用の仕方をまとめあげました。ここからが出発です。これから、皆さんのご協力を得て、次から次へとAmeaメソッドを全面公開して行きたいと考えております。

　誰にでも簡単にできるAmeaメソッドでの英語教育だからこそ、日本の英語教育を改善することができます。学識者たちの個人的概念とプライドに振り回されることなく、英語は簡単だから国際語になっているし、英語圏の２・３歳の子どもでさえも使っているということを念頭に、この本でしっかりAmeaメソッドを身につけ、英語教育に携わっていっていただけることを期待しております。

　何でも否定する日本で、このAmeaメソッドが日の目を見るのが１００年後になるなど、いままで日本の歴史上で繰り返されてきたことと同じことが起きるようでは、日本はもう終りだと思います。私が直接Ameaメソッドを日本中に広められるように、そして一日も早く、経済だけでなく、人材もが世界をリードすることができるように、読者の皆様に英語教育改革の推進にぜひご協力いただきたいと切に願っております。日本の明るい明日のために！

＜追伸＞

　　　　　初めて、「Yokoマジックで英語改革」が出版されたのが２００８年。月日が経つのは早いもので、あれからもう７年の歳月が経ってしまいました。その後、第２弾、第３弾と続く予定だったのですが、不幸にもお願いしていた出版会社が倒産し、その夢も消えてしまいました。

　　　　　この度、株式会社シムテック 志村社長、美健企画 株式会社 佐々木会長よりお声をかけていただき、改訂版として、再度、日の目を見ることとなりました。再版の機会を与えてくださいまして、心から感謝申し上げます。

　　　　　今回は、初版と内容はほとんど同じですが、初版よりも読みやすくなっております。また、初版にあった誤字脱字も訂正／加筆いたしました。初版以上に皆様の英語教育にお役に立てることと思います。

Ameaメソッド体験者の声

★堤　俊明
「夢をかなえる学習塾サクセス（群馬）代表」

　2015年6月に、初めてマクマホン洋子さんの、「ネイティヴ英文法解説講座」を私の塾で開催しました。この時は、小4生（英検5級合格者）から、中学生、高校生、英語を使うビジネスマン（英検準1級レベル）まで、非常に巾広い年代が一緒に集まりました。通常日本の英語教育では、レベルの違う者を一緒に教えません。英検5級レベルと英検準1級レベルの生徒が同じ教室で机を並べることはあり得ないことです。今回のマクマホン洋子さんの英文法解説講座は、異例中異例、通常考えられませんでした。
　しかし、これが大成功しました。小4生と大人が、楽しそうに講義を聞いていたのです。その姿を見て、「今日から英語指導が変わる」と、確信いたしました。

　今、今まで使っていた難解で分厚い英文法書に替わり、マクマホン洋子さんのネイティヴ英文法解説書が、テキスト代わりになっています。そして高校生がセンター試験の長文を解いている横で、小学生が同じような問題を楽しそうに解いている姿が現実になる日を夢見て、生徒たちに、ネイティヴ英文法を伝えています。

★小澤　陽子
Amea児童英語＆英語講師養成講座修了
子ども教育コンサルタント養成講座修了

　海外に住むようになってネイティブに良く聞かれるのは、日本でどれだけ英語を勉強したの？という質問。理数系の私には、ただ文法を覚え、単語を覚え、そのうえ解答が一つではない英語が大嫌いでした。そんな英語大嫌いの私がこちらに来て、初めて外人の友達とのコミュニケーションを楽しみながら英語を学び、なぜ例外がある？なぜ決まりがない？なぜ二つも三つも言い方が違う？なぜ日本語と全く同じ意味の英語がない？と、ある程度学んだところで行き詰まってしまいました。そこで出会ったのがYokoマジックです。

言葉は生き物のように常に変わっていて、農耕族であった私達日本人の考え方と、狩猟族であった人たちの考え方が違い、表現の仕方が違う事や、感覚で聞き、考え、話すこと等々、今まで納得がいかなかった事が自分の中ですっきりとし、英語というものが好きになりました。これは私にとってとても大きな変化でした。ずっと英語が苦手だったので、いくら話せるようになっても自分の英語には自信が持てませんでしたが、洋子先生の授業のあと、少しずつネイティブの人に、発音がいいと言われたり、それまでは何を言っているか、考えているのかわからない日本人という印象から、コミュニケーションを通して、私自身を知ってくれる人が増えてきました。感覚で理解する、という事を学んでから、初めて頭の中で考える事も英語でできるようになりました。もっと早くに洋子先生に会えていたら、とっくに英語が得意になっていたのにと思います。

　実は、私は子供の頃に児童英語教室にも少しの間通った事があるのですが、覚えているのは、外人の先生が何を言っているのかまったくわからない所にいれられ、**Ugly**というカードを見せながら先生が作る顔が怖くて、もう行きたくないと辞めた事です。とても高かったであろう英語の**CD**セットも買ってもらい、いつも聞いていましたが、覚えているのは日本語の部分とストーリーのみ。あいさつぐらいしか英語としては覚えていません。
ただ英語の環境に入れたり、**CD**を聞いたり、映像を見るだけでは英語は全く上達しなかったのです。

　ネイティブの人に教われば英語を学びやすいと思いがちですが、数学の得意な人が、数学が苦手な人の理由を理解できないために教えられないのと同じように、日本語の環境で、日本人としてのものの考え方、話し方を知らなければ、日本人への英語の教え方はわからないのだと思います。その点、**Yoko**マジックでは、日本語を基礎に、そこに英語を取り入れているので、とても自然に入ってきます。幼児教育として、英語は特に注目されていますが、子供の言葉の上達、心理を理解した上でその発達段階をふんだ上に指導を出来るのには本当に驚きました。それがわかっていれば、自分の子供を外人の英語だけを話す先生のところになんて行かせることはないとわかるはずです。

　また、洋子先生の授業では、人が学ぶ、という仕組みについても学ぶことができます。
　私のような筋金入りの英語大嫌い人間が、今では英語を使って家族、友達を作り、勉強もしています。これから児童英語を教えている少しでも多くの方々がこの本を読み、子供達に楽しく、わかりやすく英語を教え、子供達が英語を好きになってくれたらと願ってやみません。そしていつかその子供達が、日本で英語を学びました、と、胸を張って海外で活躍してくれる日が待ち遠しいです。

★安立 美佐子

Amea児童英語＆英語講師養成講座修了
子ども教育コンサルタント養成講座修了

　短大を卒業してからアメリカで一年間、語学学校で英語を学びました。
州立大学付属の英語学校だったため、進学の為のカリキュラムが組まれていました。平日は遊べないほどの量の宿題が出ました。おかげで日常会話やリーディング、ライティングなどそつなくこなせるほどの英語力を身につけることができました。帰国後、英語を活かした仕事に就くことも出来ました。しかしそれでも人に教えることは出来ません。
中学生の問題集を解くことはできても、なぜそうなるのか。説明することができませんでした。

　これではもったいない。きちんと子供たちに教えたい。そう思うようになり、Ameaの門を叩きました。このメソッドを知り、今まで自分が抱えてきた漠然とした疑問が晴れるようでした。なぜこの場面でbe動詞が使われるのか。そもそもbe動詞って何？
I'm not～. はあっても　I amn't～. にならない理由があるなんて知りもしませんでした。今までは、こう覚えなさい。英語はこういうものです。としか教えてもらえなかった事に実は答えがあったなんて。と目からウロコでした。
もっと早くに知っていれば簡単に英語が習得できただろうと思います。

　Ameaで児童英語教師＆英語講師養成講座を修了して、英語教師を始めてから、中学生にも教えてきました。彼らは卒業してからも「英語だけはいい点だよ。」と言ってくれます。ある日、知り合いの娘さんに数時間だけ英語を教える事がありました。彼女は中学3年生。成績優秀で学年でトップ10に入るぐらいの子でした。彼女は英語が苦手だというので塾の宿題を一緒にやることにしました。

　Ameaメソッドを使って長文問題を解いていくと「え？こんなに簡単だったの？今まで学校でも塾でもそんな風に教えてもらったことがない。」と言ってくれました。
　Ameaメソッドは年齢、レベル、問題の内容関係なく英語を簡単にシンプルに捕らえることが出来ることが証明されました。「英語ってただの言葉なんだよ。」

まず英語圏の人達の背景を知り、言葉を知る。たったそれだけのことが、英語だけでなく他の人種、文化までも理解するヒントになります。私はもう、彼らが約束を守れなくったってイライラしません。英語を学びにきたはずがこんな事まで学ぶことが出来ました。そして今まで以上に英語を話すこと、読み書きが楽になったのです。

　日本人がなぜ英語が話せないのか。答えはAmeaメソッドの中にあります。

★豆塚　知美
Amea児童英語＆英語講師養成講座2回修了

　私は以前、オーストラリアに1年間語学留学をした際、帰国前にAmeaの児童英語教師養成講座を受講しました。その時は、帰国後の就職活動に少しでも役に立つのではないかと思い受講しました。実際、日本に帰国して以降、英会話業界で働いています。そして日々、レッスンをしていく上で、教え方などで迷うことなどがあり、再度、英会話教師という立場で前回とは経験やキャリア、立場が違う自分で受講させていただきました。すると同じような事を習っているはずですが、見え方や感じ方が違い、前回とは違うものを習得することができたのではないかと思います。

　前回は新しい事を学び、新しい世界への一歩となる知識、技術を得る事ができましたが、今回は、カリキュラムの作り方を再確認できたり、レッスンの流れや生徒達に自然と英語を身につけてもらう方法をふりかえりながら、実際に自分に定着させていくことができました。日本で育つ子には、その子たち用のメソッドが必要だということは、本当にそうだと思いました。

　この14年間、英語を教えてきて、Ameaメソッドで教えると、子どもたちが週1回のレッスンにもかかわらず、かなり会話ができるようになりました。
英文法はさらに驚きで、とてもシンプルで、小学生でも文法を理解できるメソッドです。小学生に不定詞をどうやって教えたらいいかと悩んでいたところでしたが、AmeaメソッドEELSは、すごく簡単に教えられて、理解してもらえる画期的な方法です。
1回目の受講より、今回の2回目はさらに自分自身のためになり、私の生徒、スクールのためになりました。今までに、Ameaで学ばれた方で、今現在、英語を教えていらっしゃる方は、また2回目を受講されたら違ったことを学べると思いますので、私はお勧めいたします。

☆その他、たくさんの方々からコメントをいただいております。紙面の関係ですべて載せられないのがとても残念です。

著者略歴

マクマホン　洋子　（Yoko McMahon）

神奈川県横浜市出身。
日豪で教育関連企業経営者として３８年の経験と実績を持つ。オーストラリアに国内留学エージェントシステム、TOEIC、児童英語教師養成講座などを紹介したパイオニア的存在。現在、豪州法人 Amea 代表取締役社長。
通信教育専門校である Amea Teacher Training College の校長。日本人に合った英語教授法 Amea メソッドを使った EELS (Easy English Learning System) で大きな成果をあげている。

英語教育研究家。グローバルビジネス&教育コンサルタント。英語教師養成指導者。心理カウンセラー。人材育成スペシャリスト。ジェロントロジスト（アクティブエイジング指導者）。
「ネイティブ英文法」発見者。「ゴールデンVの法則」提唱者。

＊主なセミナー実績
- 幸せ家族の法則〜成功する子育ての秘訣
- 幸せ家族の法則〜幸せ夫婦の秘訣〜
- 実践英語ペラペラへの近道
- ネイティブも知らない本当の英語のきまり
- 全国を統一できる小学校英語教育メソッド
- 生きていた証を永遠に残そう」〜子孫に迷惑をかけない自分のためのお墓〜
- 成功者に共通するグローバル思考とは〜ライバル企業に差をつける簡単な秘訣〜
- 企業を成功に導くグローバル思考で仕事力アップ
- ゴールデンVの法則

詳細：　　www.amea-english.com　　www.kokoro-consulting.com
連絡先：　amea@live.com.au

楽しく教えて英語力を確実に伸ばす
魔法のAmeaメソッド
〜 英語教育のバイブル・Yokoマジック 〜

2016年 3月25日　　第1版発行
著　者 ── マクマホン　洋子
発行者 ── 志村　利政　　協力 ── 佐々木　章世
発行所 ── ㈱素朴社
　　　　　〒 164-0013　東京都中野区弥生町 2-8-15
　　　　　電話　03-6276-8301　FAX　03-6276-8385
　　　　　振替　00150-2-52889
　　　　　http://www.sobokusha.jp
印刷所 ── 株式会社スバルグラフィック

©Yoko McMahon 2016 Printed in Japan
乱丁・落丁本はお手数ですが小社宛にてお送り下さい。送料小社負担にてお取替え致します。
ISBN978-4-903773-24-7 C0082　　価格はカバーに表示してあります。